寅恪

陳寅恪印

陳寅恪集

讀書札記三集

生活·讀書·新知 三聯書店

圖書在版編目（CIP）數據

陳寅恪集．讀書札記三集／陳寅恪著．—3 版．—北京：生活 · 讀書 · 新知三聯書店，2015.7 （2021.7 重印）
ISBN 978－7－108－05411－1

Ⅰ．①陳… Ⅱ．①陳… Ⅲ．①陳寅恪（1890 ~ 1969）－文集 ②中國歷史－史籍研究－文集 Ⅳ．① C52 ② K204－53

中國版本圖書館 CIP 數據核字（2015）第 132014 號

封面所用拓片文字節自一九二九年立於清華大學內王國維紀念碑碑銘（陳寅恪撰文，林志鈞書丹）

陳寅恪集編者 陳美延
責任編輯 孫曉林 潘振平
封扉設計 陸智昌
版式設計 寧成春
責任印制 董歡
出版發行 生活·讀書·新知 三聯書店
（北京市東城區美術館東街二十二號）
郵編 一〇〇〇一〇
經銷 新華書店
印刷 北京新華印刷有限公司
版次 二〇〇一年九月北京第一版
二〇〇九年九月北京第二版
二〇一五年七月北京第三版
二〇二一年七月北京第十次印刷
開本 六三五毫米×九六五毫米 十六開
印數 三五，五〇一－四五，五〇〇冊
字數 一九六千字 印張 二十·二五
定價 八十二元

出版説明

陳寅恪（一八九〇——一九六九），江西修水人。早年留學日本及歐美，先後就讀於德國柏林大學、瑞士蘇黎世大學、法國巴黎高等政治學校和美國哈佛大學。一九二五年受聘清華學校研究院導師，回國任教。後任清華大學中文、歷史系合聘教授，兼任中央研究院理事、歷史語言研究所研究員、第一組主任及故宮博物院理事等，其後當選為中央研究院院士。一九三七年「蘆溝橋事變」後挈全家離北平南行，先後任教於西南聯合大學、香港大學、廣西大學和燕京大學。一九四四年被選為英國科學院通訊院士。一九四二年後為教育部聘任教授。一九四六年回清華大學任教。一九四八年南遷廣州，任嶺南大學教授，一九五二年後為中山大學教授。一九五五年後并為中國科學院哲學社會科學學部委員。

陳寅恪集十三種十四冊，收入了現在所能找到的作者全部著述。其中寒柳堂集、金明館叢稿初編、金明館叢稿二編、隋唐制度淵源略論稿、唐代政治史述論稿、元白詩箋證稿、柳如是別傳七種，八十年代曾由上海古籍出版社出版。此次出版以上海古籍版為底本（隋唐制度淵源略論稿、唐代政治史述論稿二書原據三聯書店一九五七年版重印），內容基本不變。惟寒柳堂集增補了「寒柳堂記夢未定稿（補）」一文。詩集（原名陳寅恪詩集附唐篔詩存）和讀書札記一集（原名陳寅恪讀書札記舊唐書新唐書之部）八九十年代分別由清華大學出版社和上海古籍出版社出版，此次出版均有增補。書信集、讀書札記二集、讀書札記三集、講義及雜稿四種均為新輯。全書編輯體例如下：

一、所收內容，已發表的均保持發表時的原貌。經作者修改過的論著，則採用最後的修改本。未刊稿主要依據作者手跡錄出。

二、本集所收已刊、未刊著述均予校訂，凡體例不一或訛脫倒衍文字皆作改正。引文一般依現行點校本校核，如二十四史、資治通鑑等。尚無點校本行世的史籍史料，大多依通行本校核。少量作者批語、論述係針對原版本而來，則引文原貌酌情予以保留。以上改動均不出校記。

三、凡已刊論文、序跋、書信等均附初次發表之刊物及時間，未刊文稿盡量注明寫作時間。

四、根據作者生前願望，全書採用繁體字豎排。人名、地名、書名均不加符號注明。一般採用通行字，保留少數異體字。引文中凡為閱讀之便而補入被略去的內容時，補入文字加〔 〕，凡屬作者說明性文字則加（ ）。原稿不易辨識的文字以□示之。

陳寅恪集的出版曾得到季羨林、周一良、李慎之先生的指點，並獲得海內外學術文化界人士的熱情相助。在此，謹向所有關心、支持和參與了此項工作的朋友表示衷心的感謝，並誠懇地希望廣大讀者批評指正。

生活·讀書·新知三聯書店二〇〇〇年十二月

陳寅恪集總目

寒柳堂集
金明館叢稿初編
金明館叢稿二編
隋唐制度淵源略論稿
唐代政治史述論稿
元白詩箋證稿
柳如是別傳
詩集附唐篔詩存
書信集
讀書札記一集
讀書札記二集
讀書札記三集
講義及雜稿

青年時代留學國外時護照相

與長女流求攝於北平清華大學西院三六號

一九三五年秋

陳寅恪夫婦與長女流求、次女小彭、流求女景宜攝於廣州中山大學東南區一號北面草坪
一九五九年十二月二四日

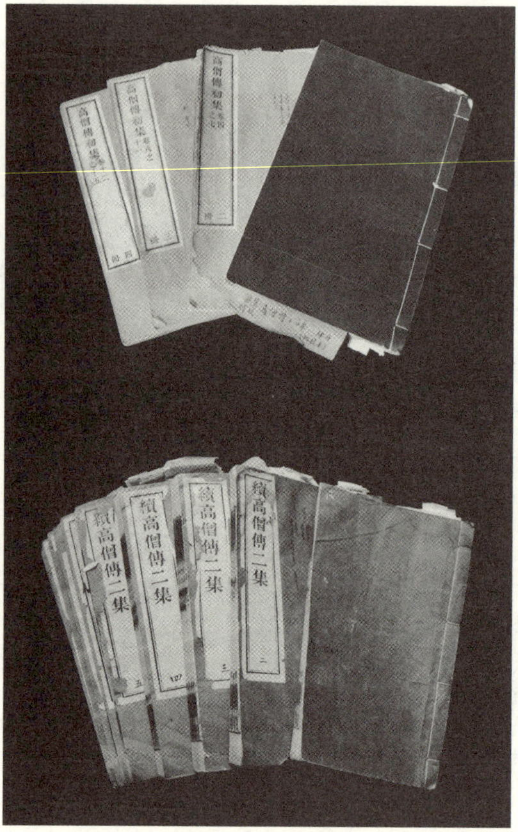

陳寅恪批校之高僧傳初集、二集

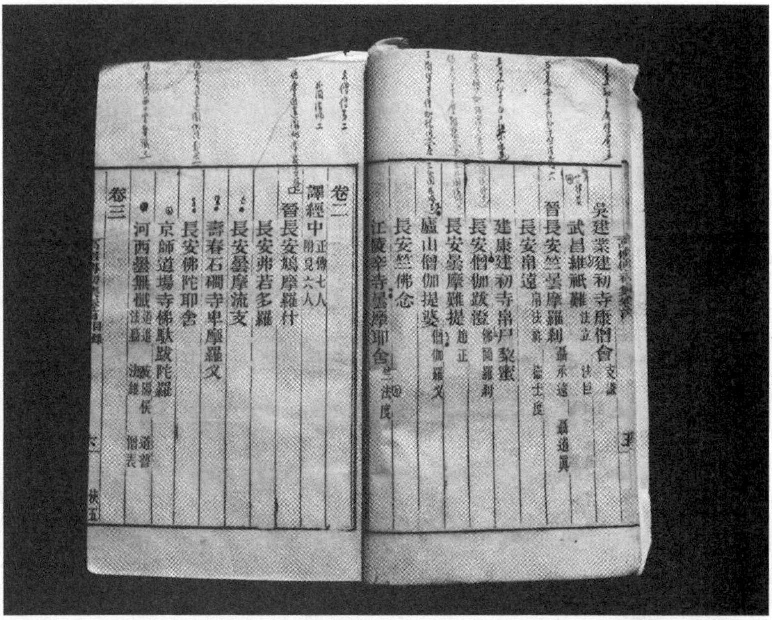

吳建業建初寺康僧會 支謙
武昌維祇難 法立 法巨
晉長安竺曇摩羅剎 聶承遠 聶道眞
長安帛遠 帛法祚 衛士度
建康建初寺帛尸梨蜜
長安僧伽跋澄 佛圖羅剎
長安曇摩難提 趙正
廬山僧伽提婆 僧伽羅叉
長安竺佛念
江陵辛寺曇摩耶舍 竺法度

卷二
譯經中 正傳七人 附見六人
晉長安鳩摩羅什
長安弗若多羅
長安曇摩流支
壽春石磵寺卑摩羅叉
長安佛陀耶舍
京師道場寺佛馱跋陀羅
河西曇無讖 道進 道普 法盛 沮渠安陽侯 法維 僧表
卷三

陳寅恪寫有批語之高僧傳初集目錄

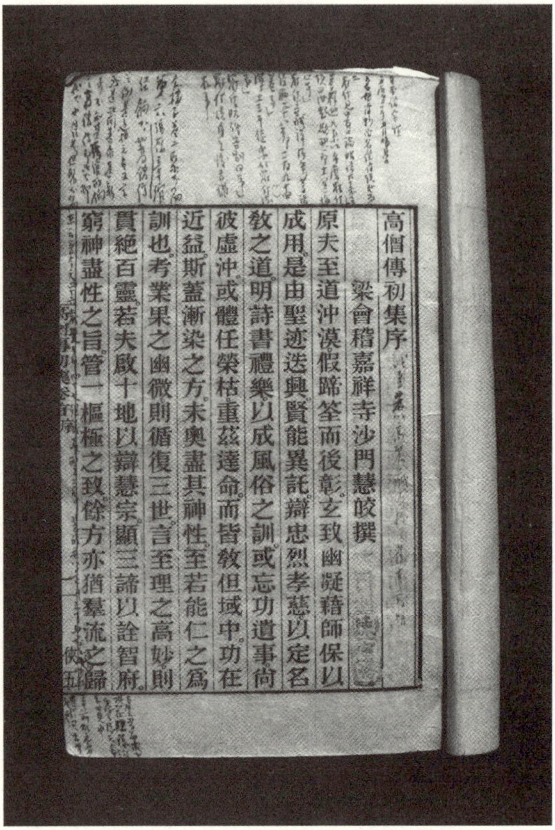

陳寅恪寫有批語之高僧傳初集卷首

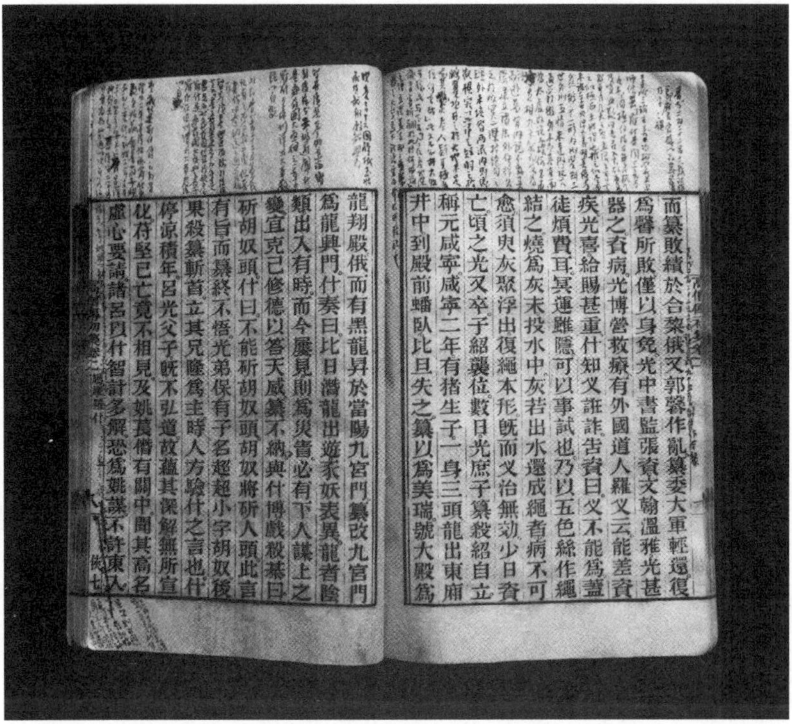
而纂敗績於合棃俄又郭馨作亂纂委大軍輕還復爲馨所敗僅以身免光中書監張資文翰溫雅光甚器之資病光博營救療有外國道人羅叉云能差資疾光喜給賜甚重什知叉誑詐告資曰叉不能爲益徒煩費耳冥運雖隱可以事試也乃以五色絲作繩結之燒爲灰末投水中灰若出水還成繩者病不可愈須臾灰聚浮出復繩本形既而叉治無效少日資亡頃之光又卒子紹襲位數日光庶子纂殺紹自立稱元咸寧咸寧二年有猪生子一身三頭龍出東廂井中到殿前蟠臥比旦失之纂以爲美瑞號大殿爲

龍翔殿俄而有黑龍昇於當陽九宮門纂改九宮門爲龍興門什奏曰比日潛龍出遊豕妖表異龍者陰類出入有時而今屢見則爲災眚必有下人謀上之變宜克己修德以答天威纂不納與什博戲殺棊曰斫胡奴頭什曰不能斫胡奴頭胡奴將斫人頭此言有旨而纂終不悟光弟保有子名超超小字胡奴後果殺纂斬首立其兄隆爲主時人方驗什之言也什停涼積年呂光父子既不弘道故蘊其深解無所宣化苻堅已亡竟不相見及姚萇僭有關中聞其高名虛心要請諸呂以什智計多解恐爲姚謀不許東入

陳寅恪寫有批語之高僧傳初集卷二
鳩摩羅什傳

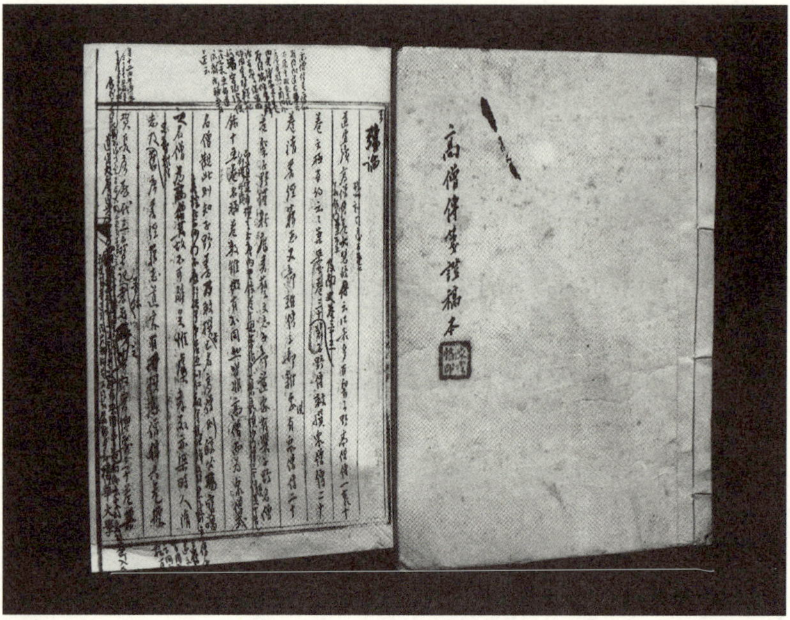

「高僧傳箋證稿本」引論手稿

目次

陳寅恪先生讀書札記弁言……一
高僧傳初集之部……一
目次……三
史文與批文……九
高僧傳二集（續高僧傳）之部……一五三
目次……一五五
史文與批文……一六九
高僧傳三集（宋高僧傳）之部……二七七
目次……二七九
史文與批文……二八一
附　高僧傳箋證稿本……二九三

陳寅恪先生讀書札記弁言

寅恪先生生平讀書，有圈點，誌其行文脈絡䚡理；有校勘，對本校或意校其譌誤；有批語，眉批或行間批。批校最多且最不易整理之書，為梁慧皎高僧傳初集，其批校字跡之細小幾如毫髮之難於辨識，為所見先生批校書中最難於爬梳者。

今存所見先生批校書，凡史記、漢書、後漢書、晉書、後漢紀、舊唐書、新唐書（四部備要本）、資治通鑑考異、人物志、酉陽雜俎、唐律疏議、列子沖虛至德真經、高僧傳初集、二集、三集、唐人小說集（汪辟疆校録本）等共十六種。史漢三史及舊唐書，均竹簡齋光連紙印本，其他，大都四部叢刊初編本。他若三國志一書，昔年余假之師攜往瀋陽，九一八之難失之。時余在瀋陽北陵第三高中任教，事變發生後須步行至皇姑屯車站始可上火車，因將所攜書並先生書及家藏朱尊霖公（樞祖母之曾祖父，乾隆間官瑞州知府）手書册葉和皮大衣等，裝黑皮箱中，託友人庋存東北大學某幢樓三樓中，後為人破窗將箱盜去。別有武强賀氏刊本韓翰林集一厚册，剛主假去不還，聞已歸北京社會科學院圖書館。劉賓客集一册（商務林紓評選本）、陸宣公奏議一册（商務國學基本叢書本），今所能見寅恪先生批校書，僅上述十八種而已（合下列三種，共二十一種）。

先生生平讀書，用思之細，達於無間，常由小以見其大，復由大以歸於細；讀者倘能由小以見其大，斯得之矣。先生讀書，用思綿密，用語雅雋，立言不多而能發人深省。所記，大抵申抒己見，或取新材料補證舊史；或考校異同，與前賢札記之以鋪叙例證得出結論者，頗異其趣。將來先生書出，對於未來學術界將有深遠影響，可預卜也。

綜觀先生批校書，上述二十一種，不及什之一；他若長沙大火失去之書，其中當多有批校本。而最為巨大之損失，在先生任教昆明時，由他人代交滇越鐵路轉運之兩大木箱中外圖籍，全部為越南人盜去(另以滿裝磚塊之兩大木箱換走)。聞其中僅世説新語一書，即有批校本數部之多。

先生生平所著書，大多取材於平素用力甚勤之筆記，其批校特密者往往即後來著書之藍本。以故，長沙及滇越鐵路失去之書，無異間接減少先生著述若干種。竊意先生初聞失書時，當有不眠之夜也。後來先生居粵時，有學生梁秩風，在河內購得先生批校之舊五代史一書，本想寄粵，因越南人禁書出境，致終燬於河内大火。文化之不幸有如是歟！

一九八七年九月及門蔣天樞敬撰時值第三屆教師節

高僧傳初集之部

梁 **釋慧皎** 撰

光緒十年冬十二月
金陵刻經處印行

目次

序……九
目録……一
卷第一　譯經上……一
漢雒陽白馬寺攝摩騰……一
漢雒陽白馬寺竺法蘭……二
漢雒陽安清……三
漢雒陽支樓迦讖　竺佛朔……三
魏雒陽曇柯迦羅　康僧鎧……四
吴建業建初寺康僧會　支謙……五
晉長安竺曇摩羅刹……五
晉長安帛遠　帛法祚　衛士度……六
晉廬山僧伽提婆……六

晉江陵辛寺曇摩耶舍 竺法度……二七
卷第二 譯經中……二八
晉長安鳩摩羅什……二八
晉長安佛陀耶舍……七四
晉京師道場寺佛馱跋陀羅……七五
晉河西曇無讖 道普……七七
卷第三 譯經下……八〇
宋江陵辛寺釋法顯……八〇
宋京師枳園寺釋智嚴……八一
宋京師祇洹寺求那跋摩……八二
宋京兆釋智猛……八二
宋京師中興寺求那跋陀羅……八三
卷第三譯經門論……八五
卷第四 義解一……九〇
晉洛陽朱士行……九〇

晉豫章山康僧淵　康法暢　支敏度……九一
晉高邑竺法雅　毘浮　曇相……九四
晉剡東岬山竺道潛　竺法藴　康法識……九八
晉剡沃洲山支遁……一〇一
晉剡山于法蘭……一〇三
晉剡白山于法開　于法威……一〇四
晉燉煌于道邃……一〇五
卷第五　義解二……一〇六
晉長安五級寺釋道安……一〇六
晉蒲坂釋法和……一一三
晉太山竺僧朗　支僧敦……一一三
晉京師瓦官寺竺法汰　曇壹　曇貳……一一三
晉飛龍山釋僧光……一一八
晉吴虎丘東山寺竺道壹……一一八
卷第六　義解三……一一九

晉廬山釋慧遠……一一九

晉吴臺寺釋道祖……一二一

晉長安大寺釋僧䂮……一二一

晉長安釋曇影……一二二

卷第七　義解四……一二二

晉長安釋僧肇……一二二

宋京師龍光寺竺道生……一二三

宋京師烏衣寺釋慧叡……一三〇

宋京師東安寺釋慧嚴……一三〇

宋京師道場寺釋慧觀……一三一

宋京師靈味寺釋僧含……一三二

卷第八　義解五……一三三

宋吴虎丘山釋曇諦……一三三

宋京師中興寺釋道温　僧慶　慧定　僧嵩……一三三

宋京師莊嚴寺釋曇斌　曇濟　曇宗……一三四

宋京師興皇寺釋道猛……一三五
宋京師新安寺釋道猷 道慈……一三六
齊偽魏濟州釋僧淵 慧記 道登……一三六
齊京師靈根寺釋法瑗……一三七
梁京師靈味寺釋寶亮……一三七
卷第九 義解六……一三七
卷第十 神異上……一三八
晉鄴中竺佛圖澄 道進……一三八
晉洛陽耆域……一三九
卷第十一 神異下……一三九
晉上虞龍山史宗……一三九
卷第十二 習禪……一四〇
晉長安釋慧嵬……一四〇
晉始豐赤城山支曇蘭……一四一
宋偽魏平城釋玄高 曇曜……一四一

宋廣漢釋法成……一四四
齊錢塘靈隱山釋曇超……一四四
齊始豐赤城山釋慧明……一四四
習禪總論……一四四
卷第十三　明律……一四五
明律總論……一四五
卷第十四　興福……一四六
宋京師延賢寺釋法意……一四六
齊上定林寺釋法獻 玄暢……一四六
卷第十五　經師　唱導……一四七
齊安樂寺釋僧辯……一四七
經師總論……一四七
唱導總論……一五〇
王曼穎致慧皎書……一五一

（第一册封面）

法護

序

此書若以高麗藏本校之當有發明。

金樓子卷二聚書篇第六「張豫章綰經餉書如高僧傳之例是也」。按元帝又言「或是此間著（製）作甚新奇」，不知其張綰所餉之高僧傳即此書，抑他書也，待考。但聚書篇末云：「吾今年四十六歲」，元帝四十七殂，為承聖三年，慧皎亦以是年卒。此書之流布必在卒前，故元帝有得見之可能也。

虞孝敬藏書恐在江陵頃覆之後，元帝未必見也。

日本僧宗性文曆二年五月晦日寫。（録者注：以下名僧傳鈔附名僧傳説處第二之六條批文，亦批於卷二鳩摩羅什傳後。）

名僧傳鈔附名僧傳説處第二：

羅什見中、百二論始悟大乘事。

夢釋迦如來以手摩羅什頂曰：汝起欲想即土(生)悔心事。

羅什三藏譯法華等諸經論三十八部二百九十四卷事。

漢土三千徒衆從羅什(　)法事。

羅什臨終與衆僧告別曰事。

羅什燒身之後舌猶存事。

目録

卷首

名僧傳三十卷，梁釋寶唱撰。

依宗性名僧傳鈔名僧傳目録，莊嚴寺釋寶唱撰。

高僧傳卷第一　譯經上　正傳十五人　附見二十人

名僧傳第一　外國法師一

漢雒陽白馬寺攝□摩騰

漢雒陽蘭臺寺竺迦攝摩騰一

漢雒陽白馬寺竺□法蘭

漢雒陽蘭臺寺竺法蘭二

漢雒陽安清

漢雒陽安世高四

漢雒陽支婁迦讖 竺①佛朔

漢雒陽支樓柯讖三

魏雒陽曇②柯迦羅

吴建業建初寺康僧會

吴建初寺康僧會五

吴武昌維③祇難

應附竺④律炎

晉長安竺曇摩羅刹

晉長安青門外寺竺法護六

　晉建康建初寺帛尸梨蜜

晉建初寺白尸梨蜜七

偽秦僧伽跋澄三（卷三外國法師三）

　晉長安僧[1]伽跋澄　佛[1]圖羅剎

　晉長安曇摩難提

偽秦曇摩難提二（卷三外國法師三）

　晉廬山僧[2]伽提婆　僧[3]伽羅叉

王衛軍寺僧伽提婆一（卷三外國法師三）

　晉江陵辛寺曇[4]摩耶舍　竺⑤法度

高僧傳卷第二　譯經中　正傳七人　附見六人

名僧傳第二　外國法師二

晉長安鳩□摩羅什

偽秦逍遥園鳩摩羅耆婆二

晉長安曇[6]摩流支

晉壽春石礀寺卑[7]摩羅叉

晉長安佛[8]陀耶舍

偽秦逍遥園佛陀耶舍一

晉京師道場寺佛⑥馱跋陀羅

晉河西曇⑦無讖　法⑧維

僞秦河西曇無讖三

高僧傳卷第三　譯經下　正傳十三人　附見四人

名僧傳第三　外國法師三

宋建康龍光寺佛馱什[9]

宋京師祇洹寺求那跋摩[10]

祇洹寺求那跋摩四

宋京師奉誠寺僧伽跋摩[11]

應附鐵薩羅等[12]

許崗寺僧伽跋摩五

宋京師道林寺畺良耶舍　僧伽達多[13]　僧伽羅多哆[14]

宋京師中興寺求那跋陀羅⑮

中興寺求那跋陀六

齊建康正觀寺求那毗地⑯ 僧□伽婆羅

（録者注：僧人名字旁所標符號疑示何處人之意。如，天竺人①②③……及□。罽賓人、西域人1• 2• 3•……不知何國人1△……）

正傳并附見共六十三（録者注：金陵本為六十五，大正藏本為六十三）人，其中天竺人僅十六人。而此十六人中尚有數人在可疑或非天竺人之列，則四百五十三年之中來遊脂那譯經大德生之於印度者不過四分之一，其餘皆罽賓西域大涼州之人。據此可知我國六朝時與中亞關係之深矣。

高僧傳卷第四　義解一　正傳十四人　附見二十二人

名僧傳第五　高行上　中國法師一

晉洛陽朱士行

晉倉垣水南寺朱士行一

晉豫章山康僧淵

晉豫章康僧淵八（卷一外國法師一）

高僧傳卷第五　義解二　正傳十五人　附見九人

名僧傳第六　高行中　中國法師二

晉長安五級寺釋道安··

僞秦長安官寺釋道安二（卷五高行上　中國法師一）

晉蒲坂釋法和··

晉飛龍山釋僧光

僞秦飛龍山釋僧光一

高僧傳卷第七　義解四　正傳十八人　附見二十人

宋京師龍光寺竺道生

道生傳屬第七卷，以上仍為六卷。（録者注：此條批語卷次指大正藏本，下同。）

高僧傳卷第八　義解五　正傳二十五人　附見四十二人

齊偽魏濟州釋僧淵

僧淵下屬第八卷。

高僧傳卷第十　神異上　正傳八人　附見二人

名僧傳第四　神通弘教　外國法師四

晉鄴中竺佛圖澄

竺佛圖澄，西域人。帛姓必龜兹人。

佛圖澄以下屬第九卷。

晉常山竺佛調

未詳氏族，或云天竺人。

晉洛陽耆域

本天竺神醫名，此假託。

晉洛陽磐鵄山犍陀勒

西域人。

犍陀勒以下屬第十卷。

晉洛陽婁至山訶羅竭

本樊陽人。

高僧傳卷第十一　神異下　正傳十二人　附見九人

晉長安涉公

西域人。

宋京師杯度　僧佉吒

僧佉吒，外國道人。

高僧傳卷第十二　習禪　正傳二十一人　附見十一人

晉江左竺僧顯

僧顯以下屬第十一卷。

高僧傳卷第十三　明律　正傳十三人　附見八人　忘身　正傳十一人　附見四人

晉霍山釋僧群

僧群以下屬第十二卷。

高僧傳卷第十四　誦經　正傳二十一人　附見十一人　興福　正傳十四人　附見三人

晉并州竺慧達

慧達以下屬第十三卷。

高僧傳卷第十五　經師　正傳十一人　附見九人　唱導　正傳十人　附見六人

序録屬第十四卷。

卷第一　譯經上

漢雒陽白馬寺攝摩騰

攝摩騰，本中天竺人，常遊化為任，昔經往天竺附庸小國，講金光明經。漢永平中，明皇帝遣郎中蔡愔、博士弟子秦景等，使往天竺，尋訪佛法。愔等於彼遇見摩騰，乃要還漢地。

出三藏記集六，四十二章經序：「漢明遣使至大月支國寫取佛經。」

歷代三寶記四：「〔明〕帝遣使往通天竺，於月支國（Bactria）遇攝摩騰。」

漢雒陽白馬寺竺法蘭

歷代三寶記卷七東晉録：孝武帝世西域沙門曇無蘭譯一百十一部，合一百一十二卷，中有二百六十戒，三部合異二卷；而卷四後漢録：竺法蘭譯經同有二百六十戒，合異二卷，想是一書。大約後漢竺法蘭本無其人，實因此東晉曇無蘭而傅會之耳。梵文名本同也。

漢雒陽安清

安清，字世高，安息國王正后之太子也。幼以孝行見稱，加又志業聰敏，剋意好學，外國典籍及七曜五行醫方異術，乃至鳥獸之聲，無不綜達。嘗行見羣燕，忽謂伴曰：「燕云應有送食者。」頃之果有致焉。衆咸奇之，故儁異之聲，早被西域。

出三藏記集六康僧會安般守意經序云：「〔安清〕博學多識，貫綜神模，七正盈縮，風氣吉凶，山崩地動，鍼脉諸術，覩色知病，鳥獸鳴啼，無音不照。」

按釋道安經録云：「安世高以漢桓帝建和二年至靈帝建寧中二十餘年，譯出三十餘部經。」

漢桓帝建和二年，西曆一四八年。

漢雒陽支樓迦讖 竺佛朔

康，Tashkend，後〔粟特〕Sogdia Kirghis

（録者注：此批語位於傳題上方，疑與附見康巨、康孟詳及以下之康僧鎧、康僧會等有關。陳圈點附見之文：「又有沙門支曜、康巨、康孟詳等，並以漢靈獻之間有慧學之譽，馳於京雒……孟詳所出，奕奕流便，足騰玄趣也。」）

漢靈帝時遊於雒陽，以光和中平之間，傳譯梵文。

光和元年，西曆一七八；中平元年，西曆一八四。

出般若道行、般舟、首楞嚴等三經。

支婁迦讖道行般若經累教品中：「般若波羅蜜摩訶漚和拘舍羅 mahā upāya-kauśalya，及諸摩訶惟曰羅 vaīpulya。」

時有天竺沙門竺佛朔，亦以漢靈之時，齎道行經來適雒陽，即轉梵為漢。

出三藏記集及道安道行經序作「朔佛」，及餘經録自歷代三寶記以後，皆作「佛朔」。

魏雒陽曇柯迦羅　康僧鎧

曇柯迦羅，此云法時，本中天竺人。

據法字應作摩柯，疑與迦字俱為一音之譯，以並書而失去法字梵音之下半，故致斯誤。然名僧傳亦如此，其誤久矣。

以魏嘉平中，來至洛陽。于時魏境雖有佛法，而道風訛替，亦有衆僧未稟歸戒，正以剪落殊俗耳。設復齋懺，事法祠祀。迦羅既至，大行佛法。時有諸僧共請迦羅譯出戒律，迦羅以律部曲制，文言繁廣，佛教未昌，必不承用。乃譯出僧祇戒心，止備朝夕。更請梵僧立羯磨法。中夏戒律，始自于此。

中國羯磨法之始。

時又有外國沙門康僧鎧者，亦以嘉平之末來至洛陽，譯出郁伽長者等四部經。又有安息國沙門曇帝，亦善律學，魏正元之中，來遊洛陽，出曇無德羯磨。

現存康僧鎧譯曇無德雜羯磨一卷，曇諦譯羯磨一卷，其安世高所譯大比丘三千威儀乃偽託。

吴建業建初寺康僧會 支謙

先有優婆塞支謙，字恭明，一名越，本月支人，來遊漢境。初漢桓靈之世，有支讖譯出衆經。有支亮字紀明，資學於讖，謙又受業於亮。博覽經籍，莫不精究，世間伎藝，多所綜習，遍學異書，通六國語。

袁宏後漢紀十五叙西域自鄯善國治驩泥城云：「北通車師前後王及車且彌、旱陸、蒲類、條支，是為車師六國。」本書卷二佛陀跋陀羅傳有「既度葱嶺，路經六國」之語。

〔孫皓〕因求看沙門戒，會以戒文禁秘，不可輕宣。

疑此與後世不許在家人看出家律同意。

晉長安竺曇摩羅刹

出三藏記集一胡漢譯經文字音義同異記：「及護公專精，兼習華戎，譯文傳經，不愆于舊。」今日比較方法勘校原本之結果，此語殊不然也。

晉長安帛遠 帛法祚 衛士度

〔祚〕注放光般若經及著顯宗論等。

帛法祚注放光般若。

時晉惠之世，又有優婆塞衛士度，譯出道行般若經二卷。

衛士度譯道行般若二卷。

晉廬山僧伽提婆

時王僧珍亦在座聽，後於別屋自講，珣問法綱道人：「僧珍所得云何？」答曰：「大略全是，小未精覈耳。」

參觀世說新書。

「珍」乃「彌」之譌。

晉江陵辛寺曇摩耶舍 竺法度

曇摩耶舍，此云法明，罽賓人。少而好學，年十四為弗若多羅所知。長而氣幹高爽，雅有神慧，該覽經律，明悟出群，陶思八禪，遊心七覺，時人方之浮頭婆馱。

殆即佛陀跋馱羅，以其專精禪學也。

以晉隆安中，初達廣州，住白沙寺，耶舍善誦毘婆沙律，人咸號為大毘婆沙，時年已八十五，徒衆八十五人。

耶舍有弟子法度，善梵漢之言，常為譯語。度本竺婆勒子，勒久停廣州，往來求利，中途於南康生男，仍名南康，長名金迦，入道名法度。度初為耶舍弟子，承受經法。耶舍既還外國，度便獨執矯異，規以攝物，乃言專學小乘，禁讀方等。

當謂善見律毗婆娑，此為體毗履部即長老部律，今之巴利文律是也。其由廣州來，可知其必經南印度亦一證也。法度之專崇小乘，殆淵源有自，非憑虛所能也。

時有清信女張普明，諮受佛法，耶舍為說佛生緣起，并為譯出差摩經一卷。

佛生緣起當謂闍陀伽 Jātaka。同時之僧伽跋陀羅譯善見律毗婆娑(他毗利律),又譯五百本生,又從南海來,故以善見律毗婆娑既證明為今巴利文之 Samantapāsādikā,則五百本生當為巴利文之 Jātaka,再從此類推,益知佛生緣起即闍陀伽無疑矣。差摩經既為清信女張普明而譯,則當與女子有關。今大藏中以差摩為名之女子其事蹟就予所知者有:吴支謙譯撰集百緣經卷八之差摩比丘尼生時二王和解緣,西晉竺法護譯生經卷四之佛説比丘尼現變經,及元魏慧覺等譯賢愚卷三之差摩現報品,皆本生因緣之類,則法稱(曇摩耶舍)所譯悉可以小乘目之。而慧皎高僧傳譯經門論謂「曇摩耶舍非專小之師」,而以法度之偏執小乘為無所本,殆不然也。

卷第二　譯經中

晉長安鳩摩羅什

鳩摩羅什,此云童壽,天竺人也,家世國相。什祖父達多,倜儻不羣,名重於國。父摩炎,聰明有懿節,將嗣相位,乃辭避出家,東度葱嶺。龜兹王聞其棄榮,甚敬慕之,自出郊迎,請為國師。

王有妹年始二十，……且體有赤黶，法生智子，諸國娉之並不肯行，及見摩炎，心欲當之，乃逼以妻焉，既而懷什。

吉藏百論疏卷上之上，頁二百三十五中。（録者注：指大正藏卷二十四之頁二百三十五中。高僧傳初集中，陳批語頁碼除標明者外，均為大正藏本頁碼。）

吉藏百論疏卷上之上：「羅什父本是天竺人，為彼國相。國破遠投龜茲。龜茲者，亦云丘茲國也。丘茲國王以妹妻什父，而生什。什即丘茲王之外孫也。今還考本處，故云天竺也。什姓天竺，即長安猶有其孫也。」

金剛暎卷上（村山龍平氏藏燉煌本），後附什傳。見續大正藏二千七百三十四。

吴支謙譯摩登伽經卷下，明時分別品第七，頁十七（天寧寺本）。

晉書卷一百二十二呂光載記：「〔光〕見其宮室壯麗，命參軍京兆段業著龜茲宮賦以譏之。胡人奢侈，厚於養生，家有蒲桃酒，或至千斛，十年不敗，士卒淪没酒藏者相繼矣。」

舊唐書卷一百九十八龜茲傳：「男女皆翦髮，垂與項齊，唯王不翦髮。其王以錦蒙項，著錦袍金寶帶，坐金獅子牀。有良馬、封牛。饒蒲萄酒，富室至百碩。高祖即位，其主蘇伐勃駃遣使來朝。勃駃尋卒，子蘇伐疊代立，號時健莫賀俟利發。」

舊唐書校勘記卷六十六：「駚」沈本作「駃」，是。

册府元龜卷九百六十六作駃。

據大唐西域記卷一：王名金花，則當作駛。蓋 Suvarṇa puṣpa 之音譯也。

晉書卷九十七焉耆國傳：「武帝太康中，其王龍安遣子入侍。安病篤，謂〔世子〕會曰：『我嘗為龜兹王白山所辱，不忘於心。汝能雪之，乃吾子也。』及會立，襲滅白山，遂據其國，遣子熙歸本國為王。會有膽氣籌略，遂霸西胡，葱嶺以東莫不率服。然恃勇輕率，嘗出宿於外，為龜兹國人羅雲所殺。」

鳩摩羅什法師大義（大乘大義章）卷上，首：「宋國廬山慧遠法師，公少瞻儒道，擅堅白之名。及脱俗高尚，亦江左須彌。凡所述作，莫非皆是實歸之路，默問常安草堂摩訶乘法師鳩摩羅什。苻書云：什是天竺大婆羅門鳩摩羅炎之子也，其母須陀洹人。什初誕生，圓光一丈，既長超絶，獨步閻浮。至乎歸伏異學，歷國風靡，法集之盛，雲萃草堂。其甘雨所洽者，融、倫、影、肇、淵、生、成、叡八子也。照明之祥，信有徵也。」

太平御覽卷七百五十四工藝部十一博：「秦記曰：呂光破龜兹，始獲鳩摩羅什。」

引秦記，疑即隋書經籍志：宋殿中將軍裴景仁撰，梁雍州主簿席惠明注之十一卷秦記。

大乘大義章首之苻書，是何書待考。然首言「宋國廬山慧遠法師，公……」，疑即指裴書也。

什在胎時，其母自覺神悟超解，有倍常日。聞雀梨大寺名德既多，又有得道之僧，即與王族貴女，德行諸尼，彌日設供，請齋聽法。什母忽自通天竺語，難問之辭，必窮淵致，衆咸歎之。有羅漢達摩瞿沙曰：「此必懷智子，為説舍利弗在胎之證。」

道略集，鳩摩羅什譯，衆經撰雜譬喻經第十八故事有雀離寺（「師將沙彌……」以下喻似與什頂戴佛鉢事有關）。

雀離寺蓋否大唐西域記卷一屈支國之昭怙釐，在 Subashi。可參考洛陽伽藍記卷五之乾陀羅雀離浮圖。法苑珠林卷三十八引唐西域志，有紀西域乾陀羅城雀離浮圖文。

經律異相卷十四舍利弗從生及出家得道（引大智度論卷十一舍利弗因緣）：「懷妊以後，母大聰明，甚能論議。弟拘絺羅與姊言談，每事屈滯，知所懷子必大智慧。捨家學問，不暇剪爪，時人呼為長爪梵志。姊生兒七日，字曰優婆提舍，時人以母所生，共為之號名舍利弗。」

大智度論卷一，頁十三（蘇州本）。

根本説一切有部毘奈耶出家事卷一，頁一千二十三中。舍利弗以父名，名之為 Upatisya。

根本説一切有部毘奈耶藥事部卷二：「有一長者名曰自在 Bhava。……為子立名，……諸親族告長者曰：既是自在之子，應名安樂 Bhavila。」

窺基阿彌陀佛通贊疏卷上，頁三百三十四上。窺基彌勒贊第一，亦記舍利弗在母胎事。

智顗妙法蓮華經文句卷一下，頁十二。法欽譯阿育王傳卷七：大與娶婦懷妊事。

康僧會譯六度集經卷六，小兒聞法即解經，亦同。

（録者注：以下關於江東舊無鴿之批文四則，原位於傳首前，疑與譯經中之「鴿」有關，如吴康僧會譯，六度集經卷六鴿王本生等，故姑且置於此處。）

隋書卷三十三經籍志史部地理類有戴延之西征記二卷，又有戴祚西征記一卷（唐志作二卷），實即一人。

封演封氏聞見記卷七蜀無兔鴿云：「祚，江東人。晉末從劉裕西征姚泓，至開封縣始識鴿，則江東舊亦無鴿。」

水經注言，延之從劉武王西征。

太平御覽卷九百二十三羽部云：「戴祚西征記曰：祚至雍丘始見鴿。」

出三藏記集卷十二：「僧祐薩婆多部記：瞿沙羅漢第二十，槃頭達多第四十八。長安城内齊公寺薩婆多部佛大跋陀羅師宗相承略傳：達磨巨沙第二十，槃頭達多第四十三。」

出三藏記集卷十二長安城内齊公寺薩婆多部佛大跋陀羅師宗相承略傳：達磨巨沙第二十；僧佑傳亦有瞿沙羅漢第二十，然其去羅什師槃頭達多太遠，時代不合。

頃之，什母樂欲出家，夫未之許，……後因出城遊觀，見塚間枯骨異處縱橫，於是深惟苦本，定誓出家，若不落髮，不咽飲食。

asthi-saṃjñā 曰「骨想」，即九想之第八想。

智度論卷二十一釋初品中九想義。見蘇州本頁八甲及頁十乙。

〔什母〕次旦受戒，仍樂禪法，專精匪懈，學得初果。

srota-āpanna，srotāpanna 須陀洹漢譯「預流」。

什年七歲，亦俱出家，從師受經，日誦千偈，偈有三十二字，凡三萬二千言。

每句 pada 八音，二句 pada 為半偈 śloka（録者注：「ś」批文原寫作「ç」，下同），全偈共四句，三十二音。

無論何句，第二、第三及第四音不許作 tribrach V V V 或 Anapaest V V —，又雙數句第二、第三及第四音不許作 amphimacer – V –

○○○○| V – – V = ○○○○| V – V V

○○○○|∪ – – ∪ ‖ ○○○○|∪ – ∪ ∪

sarve kṣayāntā nicayāḥ | patanāntāḥ samucchrayāḥ ‖

saṃyogā viprayogāntā | maraṇāntaṃ ca jīvitam ‖

根本說一切有部毘奈耶藥事卷二圓滿故事：

積聚皆消散。

崇高必墮落。

合會終別離。

有命咸歸死。

〔什年七歲〕誦毘曇既過，師受其義，即自通達，無幽不暢。

什年九歲隨母渡辛頭河，至罽賓，遇名德法師槃頭達多，即罽賓王之從弟也。淵粹有大量，才明博識，獨步當時，三藏九部，莫不該練。……名播諸國，遠近師之。什至，即崇以師禮，從受雜藏、中、長二含，凡四百萬言。

槃頭達多乃天親四傳，見薩婆多部師資傳。

十位毘婆沙論卷九念佛品：「修多羅、祇夜、授記、伽陀、優陀那、尼陀那、如是語（諸）經、斐肥儸、未曾有經。」

法華經方便品：「修多羅、伽陀、本事、本生、未曾有、因緣、譬喻、祇夜、優婆提舍。」

Sumaṅgala vilāsinī vol I，p.23 □佛鳴之「長阿含解」。（録者注：吉祥悦意論）

巴利語九部：aṅga（録者注：navaṅga？）

（一）sutta 修多羅　（二）geyya 祇夜

（三）veyyākaraṇa 和伽羅那，即授記　（四）gāthā 伽陀

（五）udāna 優陀那　（六）itivuttaka 伊帝目多伽

（七）jātaka 闍陀伽　（八）abbhuta dhamma 阿浮陀達磨

（九）vedalla 毘佛略

涅槃經卷三。

Dharmasaṃgraha（録者注：梵文法集名數經），法集要頌。

大乘法苑義林章卷二，十二分章：

一、契經 sūtra　二、應頌 geya

三、記別 vyākaraṇa　四、諷頌 gāthā

五、自説 udāna　六、緣起 nidāna

七、譬喻 avadāna　八、本事 itivṛttaka、ityuktaka

九、本生 jātaka　十、方廣 vaipulya

十一、希法 adbhuta dharma　十二、論議 upadeśa

智儼華嚴五十要問答第五十問，十二部經義：

「一、通相說，一乘三乘小乘皆有十二部。

二、若分別說者，一乘有一部，謂方廣部，有九部，謂無：因緣、譬喻及論義，如金剛身品說。三乘之中，有十二部，復有十一部，除方廣部。故地持云：十二部中，唯方廣部是菩薩藏，餘十一部是聲聞藏。」

漢支婁迦讖譯佛遺日摩尼寶經。

吴支謙譯惟日雜難經。

據東晉録撰集三藏及雜藏傳：

「盡集諸經，以為一藏，律為二藏，大法三藏。

經録阿含，戒律大法，三分正等，以為三藏。

已說大本，録諸異法，合集衆雜，復為一藏。

別經四分，名作阿含，增一中含，長雜四含。

又：

迦葉復問：云何四藏？阿難可説，為衆生故。
阿難答曰：此説各異，隨衆意行，是名雜藏。
佛説宿緣，羅漢亦説，天梵外道，故名雜藏。
中多偈頌，問十二緣，此各異入，是名雜藏。
三阿僧祇，菩薩生中，所生作緣，故名三藏。
中多宿緣，多出所生，與阿含異，是名雜藏。
雜藏之法，讚菩薩生，此中諸義，多於三藏。
都合諸法，結在一處……
處處有喜，四阿含者，或喜毘尼，又喜大法，
或喜外頌，或喜雜藏……」

今藏中西土聖賢撰述，亦即雜藏也。

分別功德論卷一：「所謂雜藏者，非一人説，或佛所説，或弟子説，或諸天讚誦，或説宿緣，三阿僧祇菩薩所生。文義非一，多於三藏，故曰雜藏也。」

圓測解深密經疏卷二（金陵本）引真諦部執論記卷一云：「經即五阿含，謂長、增一、中、雜、百部

也。」

所謂「百部」殆即雜藏？

善見律毗婆沙卷一序品：「何謂五部？答曰：長阿鋡經、中阿含經、僧述多經、殃堀多羅經、屈陀迦經。問曰：何謂屈陀迦經？答曰：除四阿含，餘者一切佛法悉名堀陀迦經。……法句、喻、嘔陀那、伊諦佛多伽、尼波多、毘摩那卑多、涕羅（伽陀）、涕利伽陀、本生、尼涕娑、波致參毘陀、佛種性經。若用藏者，破作十四分，悉入屈陀迦。」

王益敬異，日給鵝腊一雙，粳米麪各三斗，酥六升。此外國之上供也。所住寺僧乃差大僧五人，沙彌十人，營視掃灑，有若弟子，其見尊崇如此。

鵝腊為供品，什公亦食葷之證。

據天竺律文，非故殺之淨肉，僧徒固可得而食之。

三淨肉本戒律所許食。

義淨大唐西域求法高僧傳上，質多跋摩：「至縛渴羅國，於新寺小乘師處出家，名質多跋摩。後將受具，而不食三淨，其師曰：『如來大師親開五正，既其無罪，爾何不食？』對曰：『諸大乘經具有令制，是所舊習，性不能改。』師曰：『我依三藏，律有成科。汝之引文，非吾所學。若懷別見，我非汝師。』遂强令進，乃掩泣而食，方為受具。」

大慈恩寺三藏法師傳卷三：「〔玄奘〕日得瞻步羅果（jambīra，jambāla）一百二十枚，檳榔子二十顆，荳蔻二十顆，龍腦香一兩，供大人米（mahā śali）一升。其米大於烏豆，作飯香鮮，餘米不及，唯摩揭陀國有此秔米，餘處更無，獨供國王及多聞大德，故號為供大人米。月給油三斗，酥乳等隨日取足。淨人一（四）人，婆羅門一人，免諸僧事□，（録者注：「免諸僧事」後有外文難辨識。）行乘象輿。那爛陀寺主客僧萬，預此供給添法師合有十人（寺素立法，通三藏者，員置十人，由來缺一。以奘風問，便處其位）。其遊踐殊方，見禮如此。」

〔至年十二〕時什母將什至月氏北山，有一羅漢見而異之，謂其母曰：「常當守護此沙彌，若至三十五不破戒者，當大興佛法，度無數人，與優波掘多無異。若戒不全，無能為也，正可才明俊藝法師而已。」

據傳，什公為呂光所逼，妻龜茲王女，遂虧其節。然是時什公年已四十矣。蓋作傳者誤推什公年歲，以為當什公虧節時年三十五，故云然也。什公生西曆三四四年，至被呂光所逼，虧節之歲年四十。注維摩結經卷十囑累品。什注：「問曰：昔時魔常來下壞亂學人，今何因不來？答曰：優波掘恩力故……云云等魔不來因緣。」

又見大莊嚴論及Divyāvadāna（録者注：天譬喻）等，似與優婆離相混合，即持律第一之比丘，佛滅度後第一結集時，結集律藏者。

見佛本行集經卷五十四優婆離因緣品，大智度論卷二，四分律卷五十四，善見律毘婆沙卷一，大唐西域記卷九，亦見付法藏因緣傳卷四優婆毱多事及阿育王傳、經等。

注維摩結經卷十囑累品，肇注引什公説：「優婆掘教化國人，令得阿羅漢（道）者，除度夫不度婦，度婦不度夫，不在數中，但取夫婦俱時得阿羅漢者，以算子數之積算滿屋，後泥洹時以算子燒身，不假餘物。」

優婆掘教化國人令得阿羅漢，但取夫婦同時得度之算子足燒其身，可見其多喪。

> 什進到沙勒國，頂戴佛鉢，心自念言：「鉢形甚大，何其輕耶？」即重不可勝，失聲下之。母問其故，答云：「兒心有分別，故鉢體有輕重耳。」遂停沙勒一年。

道略集鳩摩羅什譯衆經撰雜譬喻卷上第十八：「昔雀離寺有一長老比丘，得阿羅漢道，將一沙彌時復來下入城遊觀，衣鉢大重令沙彌擔隨其後，沙彌於道中便作是念，……其師即以它心智，通照其所念……」

或與什頂佛鉢事有關，蓋亦取之佛教故事也。

又本書卷十二慧覽傳：「覽曾遊西域，頂戴佛鉢。」

本書卷三智猛傳，在奇沙國頂戴佛鉢事。

案：佛本行集經習學技藝品，六十四種文字有：珂沙文注云「疏勒」。珂沙即奇沙也。智猛傳末「佛鉢頂骨，處亦乖爽」，蓋不知沙勒與奇沙非異地也。

佛本行集經卷十一習學技藝品：「珂沙書，注云：疏勒。」

即今喀什噶爾之轉音。

Lévi（録者注：當指 Sylvain Lévi 之論述。）

「驢脣」之説不足信，於茲一類巡不見文出。（録者注：佛本行集經卷十一習學技藝品六十四種文字有「佉盧虱吒書。注云：隋言驢脣」。）

其冬誦阿毘曇，於十門、修智諸品，無所諮受，而備達其妙；又於六足諸問，無所滯礙。

玄奘之譯阿毘曇於學術有功，不在傳法相宗之下。

出三藏記集卷十四什傳多「增一阿鋡」語當可信，為實録。

大智度論卷二，頁十三（蘇州本），「八乾度阿毘曇，六分阿毘曇等」……

普光俱舍論記卷二，頁五（金陵刻經處本）。

智顗法華文句卷一上，大正本，頁一百五十三上。

吉藏三論玄義上折毘曇第二，亦論及「發智」「六足」。

苻秦僧伽提婆共竺佛念譯迦栴延造，三十卷之阿毘曇八犍度論：

(二)結使犍度　㈣十門跋渠

(三)智犍度　㈣修智跋渠

即玄奘譯迦多衍尼造，二十卷之阿毘達磨發智論

(二)結蘊　㈣十門納息

(三)智蘊　㈣修智納息

六足：

(一)阿毘達磨集異門足論（說一切有部集異門足論）二十卷　舍利子說　玄奘譯

(二)阿毘達磨法蘊足論（說一切有部法蘊足論）十二卷（北十卷）　大目乾連造　玄奘譯

(三)阿毘達磨識身足論（說一切有部識身足論）十六卷　提婆設摩羅漢造　玄奘譯

(四)阿毘達磨界身足論（說一切有部界身足論）三卷（北二卷）　世友造　玄奘譯

(五)阿毘達磨品類足論（說一切有部品類足論）十八卷　世友造　玄奘譯

(六)施設論七卷　大迦多衍那造或謂提婆設摩造，宋法護、惟淨等譯

至元法寶勘同總録卷九：「梵云：必囉地壓必地嗲怛……」故當譯為施設足論。

〔沙勒國王〕即設大會，請什升座，説轉法輪經。

巴利雜阿含經（卷十五）第三百七十九。安世高譯轉法輪經。義淨譯三轉法輪經。

什以説法之暇，乃尋訪外道經書，善學韋陀舍多論，多明文辭製作問答等事，又博覽四韋陀典及五明諸論，陰陽星算莫不畢盡，妙達吉凶，言若符契。

〔四韋陀〕

Ṛg-veda(Ayur)，Yajur-veda，Sāma-veda，Atharva-veda。

壽　祠　平　術

Atharva veda 之附録

Worship of Indra

Agni

Soma

〔五明〕

聲明，工巧明，醫方明，因明，内明 adhyātmavīdyā。

歷代三寶記卷十一：「五明論合一卷。（原注：一、聲論；二、醫方論；三、工巧論；四、咒術論；五、符印論，周二年出。）

右一卷，明帝世，波頭摩國三藏律師攘那跋陀羅，周言智賢，共闍那耶舍於長安舊城婆伽寺譯。耶舍崛多、闍那崛多等傳語，沙門智僊筆受。」

日本石山寺藏，平安時代寫本龍樹五明論上下卷，攘那跋陀羅所譯者應與此書相類似也。

又歷代三寶記卷十一：「婆羅門天文，（原注：二十卷，天和年出。）

右二十卷，武帝世，摩勒國沙門達磨流支，周言法希，為大冢宰晉陽公宇文護譯。」

隋書經籍志子部：

天文類　摩登伽經説星圖 一卷

曆數類　婆羅門陰陽算曆 一卷

婆羅門算經 三卷

五行類　竭伽仙人占夢書 一卷

醫方類　龍樹菩薩藥方 四卷

西域諸仙所説藥方 二十三卷（目一卷，本二十五卷）
香山仙人藥方 十卷
西域婆羅仙人方 三卷
西域名醫所集要方 四卷
婆羅門諸仙藥方 二十卷
婆羅門藥方 五卷
耆婆所述仙人命論方 二卷（目一卷，本三卷）
乾陀利治鬼方 十卷
新録乾陀利治鬼方 四卷（本五卷，闕）
龍樹菩薩養性方 一卷

> 時有莎車王子、參軍王子兄弟二人，委國請從而為沙門。兄字須利耶跋陀，弟字須利耶蘇摩，蘇摩才伎絶倫，專以大乘為化，其兄及諸學者，皆共師焉，什亦宗而奉之，親好彌至。

晉書卷九十五鳩摩羅什傳：「然羅什自得於心，未嘗介意，專以大乘為化，諸學者皆共師焉。」乃以「大乘為化，諸學者皆共師焉。」屬之羅什。其實，此傳本以此數語屬之蘇摩也。蓋作晉書者删節本傳文失檢。吳士鑑、劉承幹晉書斠注卷九十五鳩摩羅什傳舉正其誤。

> 蘇摩後為什説阿耨達經，什聞陰界諸入皆空無相，怪而問曰：「此經更有何義，而皆破壞諸法。」答曰：「眼等諸法非真實有。」什既執有眼根，彼據因成無實，於是研覈大小，往復移時。

Anavatapta，阿耨達，即無熱之意，池名也。

「入」āyatana

又 Anupada，城名，佛説法處。

西晉竺法護譯佛説弘道廣顯三昧經，一名入金剛問定意經，有龍王名阿耨達。

東晉竺無蘭譯阿耨颰經，即中阿含之阿奴波經。

吉藏百論疏卷上之上：「什本小乘學，而丘茲王子名沙車是大乘學，二人深相欽味，但恨學業不同不得從就。王子欲化什公，故一時來其並房，高聲誦阿耨達經，明色空乃至一切法空。什遥聞之，明旦謂曰：『此是何經而破壞一切法。』答曰：『是大乘經。』又問：『此經以何為義？』答曰：『畢竟空為義。』什曰：『眼現是有，云何言空。』王子問云：『眼是有者，以何為性？』答：『以見為性。』難曰：『若眼以見為性，應自見眼。』又難曰：『眼一微成耶，多微成耶？若一微成則一微能見，不假多也；若一微不見，多亦不見，如一盲不見，多盲亦爾。』又問：『若有極微色則有十方分，有十方分不名極微；若無十方分則不名色。』於是什無以對之。王子因授中、百二論與什大重之。」

發佛馱跋陀羅傳，乃覺賢與什公難問之詞。

什方知理有所歸，遂專務方等，乃難曰：「吾昔學小乘，如人不識金，以鍮石為妙。」因廣求義要，受誦中、百二論，及十二門等。

歷代三寶記卷八：

中論八卷（原注：或四卷。龍樹菩薩造。弘始年出，見二秦録。僧叡制序。）

百論二卷（原注：提婆菩薩造。弘始六年出，見二秦録。）

十二門論一卷（原注：龍樹菩薩造，見寶唱録。僧叡制序。）

頃之，隨母進到温宿國，即龜茲之北界。時温宿有一道士，神辯英秀，振名諸國，手擊王鼓，而自誓言：「論勝我者，斬首謝之。」什既至，以二義相檢，即迷悶自失，稽首歸依，於是聲滿葱左，譽宣河外。

辯論事參考：

馬鳴傳、提婆傳、波藪槃豆傳、付法藏因緣傳卷五末，龍樹事。

出三藏記集卷十一玄暢（成實論主）訶梨跋摩傳，與樓迦偉籍世師辯論事。

歷代三寶記卷八鳩摩羅什傳，道融與師子國婆羅門論道事。

慈恩傳卷四奘公與順世外道辯論事。

〔什母〕次旦受戒，仍樂禪法。專精匪懈，學得初果。

〔龜兹〕王女為尼，字阿竭耶末帝，博覽群經，特深禪要，云已證二果。

〔什母〕行至天竺，進登三果。

srota–āpanna　須陀洹　〔初果〕

sakṛd āgāmin　斯陀含　〔二果〕

an āgāmin　〔阿那含〕漢譯不還　〔三果〕

arhat（arahat）　阿羅漢　〔四果〕

此王女殆白純之女或妹。

拘夷國寺記

出三藏記集卷十一比丘尼戒本所出本末序載：「〔拘夷國有〕阿麗藍、輸若干藍、阿麗跋藍，右三寺皆比丘尼統，依舌彌受法戒。此三寺尼，多是葱嶺以東王侯婦女，為道遠集斯寺。」

出三藏記集卷十一，關中近出尼二種壇文夏坐雜十二事並雜事共卷前中後三記有「佛陀舌彌」之名，及「龜兹」「丘慈」之名，即比丘尼戒本所出始末序中之「佛圖」及「拘夷」也。

玄奘大唐西域記卷一屈支國阿奢理貳伽藍（唐言奇特），悟空行記之阿遮哩貳 Āśarya（録者注：即 Āścarya）殆即阿麗藍也。

達磨笈多居於王寺，殆即劒慕王新藍、温宿王藍及王新僧伽藍之一？

> 什為推辯「諸法皆空無我」，分別「陰界假名非實」。

「陰」即「蘊」，skandha。

十八界即六根、六境、六識。

界，dhātu。

> 至年二十，受戒於王宫，從卑摩羅叉學十誦律。……於是留住龜兹，止於新寺。

出三藏記集卷十四什傳謂：什「從佛陀耶舍學十誦律」。

案：耶舍傳亦言什為其弟子。然什公與弗若多羅、曇摩流支所譯為十誦律，而耶舍所譯為四分律。僧祐薩婆多部師資傳「耶舍第五十三」，則耶舍未傳十誦耶？然出三藏記集什傳復又言「初，什在龜茲，從卑摩羅叉律師受律」，與此傳同，則似仍應作「卑摩」而不作「耶舍」為是。據出三藏記集卷十一比丘尼戒本所出始末序（注：出戒本前，晉孝武帝世出）「王新僧伽藍」下注言：「有年少沙門，字鳩摩羅，乃才大高，明大乘學，與舌彌是師徒，而舌彌阿含學者也。」舌彌即佛圖舌彌，或因之而誤以為佛陀耶舍耶？待考。

後於（新）寺側故宮中，初得放光經，始就披讀。魔來蔽文，唯見空牒，什知魔所為，誓心踰固，魔去字顯，仍習誦之。復聞空中聲曰：「汝是智人，何用讀此。」什曰：「汝是小魔，宜時速去，我心如地，不可轉也。」

羅什譯放光般若波羅蜜經二十卷，此為第二譯，朱士行始譯二十卷。注維摩結經囑累品什注：「魔不來擾，因優婆掘恩力故……」出三藏記集卷八僧叡大品經序：「究（鳩）摩羅什法師慧心夙悟，超拔特詣，天魔干而不能迴，淵識難而不能屈。」「天魔」句指魔蔽放光經文事；「淵識」句殆指下文與盤頭達多辯論事，或指上文溫宿道士事。出三藏記集卷八僧叡小品經序：「聞究（鳩）摩羅什法師神授其文，真本猶存。」

則小品亦有一段故事，不獨大品放光而已也。

出三藏記集卷十四什傳作「後於雀梨大寺讀大乘經。」

龜茲王為造金師子座，以大秦錦褥鋪之，令什升而說法。

魏書、北史龜茲傳云：「國王作金師子牀」，蓋以王禮待之也。宋高僧傳卷二極量傳注云：「印度俗呼廣府為支那，名帝京為摩訶支那也。」拉施德書亦稱中國為摩訶秦。然則此「大秦錦」或即中國而非敘利亞之錦。此傳文根據外國原文舊稱未可知也。義淨大唐西域求法高僧傳卷上，慧輪傳注云：「支那即廣州也。摩訶支那即京師也。亦云提婆弗呾羅，唐云天子也。」

什曰：「家師猶未悟大乘，欲躬往仰化，不得停此。」俄而大師盤頭達多不遠而至。……什得師至，欣遂本懷。即為師說德女問經，多明因緣空假，昔與師俱所不信，故先說也。……師歎曰：「『師不能達，反啓其志』，驗於今矣。」於是禮什為師，言：「和尚是我大乘師，我是和尚小乘師矣。」

僧祐出三藏記集卷十四什傳謂：「〔什〕後往罽賓，為其師槃頭達多具說一乘妙義。師感悟心服，即禮什為師，言：『我是和上小乘師，和上是我大乘師矣。』」出三藏記集卷四，條新撰目録闕經，未見經文者，中有德女問經一卷（大正藏卷五十五，册一，頁三十四中）。西晉竺法護譯佛説阿闍貰王女阿術德菩薩經與大寶積經卷九十九無畏德菩薩會三十二，同本異譯。為阿闍世王女無畏德問經也。北魏瞿曇婆若流支譯得無垢女經一卷，即西晉竺法護譯佛説離垢施女經，亦即大寶積經卷一百無垢施菩薩應辯會三十三（西晉聶道真譯）之異譯。吴支謙譯太子瑞應本啓經卷上云：「及至七歲，而索學書，乘羊車詣指師門。時去聖久，書缺二字，以問於師，師不能達，反啓其志。」

西域諸國，咸伏什神俊，每至講説，諸王皆長跪座側，令什踐而登焉，其見重如此。

魏書、北史龜兹傳，「其王頭繫綵帶，垂之於後。」足徵其國俗、冠服不與華同也。

至苻堅建元十三年，歲次丁丑正月，太史奏云：「有星見於外國分野，常有大德智人，入輔中國。」堅曰：「朕聞西域有鳩摩羅什，襄陽有沙門釋道安，將非此耶。」即遣使求之。

什公與道安有關於後來支那佛教最鉅。此處以二人並稱，良不虛也。

本書卷五道安傳：「安先聞羅什在西國，思共講析，每勸堅取之。什亦遠聞安風，謂是東方聖人，恒遙而禮之。」

至〔建元〕十七年二月，鄯善王、前部王等，又說堅請兵西伐。十八年九月，堅遣驍騎將軍呂光、陵江將軍姜飛等將前部王及車師王等，率兵七萬，西伐龜茲及烏耆諸國。臨發，堅餞光於建章宮，謂光曰：「夫帝王應天而治，以予愛蒼生為本，豈貪其地而伐之乎，正以懷道之人故也。朕聞西國有鳩摩羅什，深解法相，善閑陰陽，為後學之宗，朕甚思之。賢哲者，國之大寶也，若剋龜茲，即馳驛送什。」

晉書卷一百十四載記第十四苻堅下：「〔太元七年〕車師前部王彌窴、鄯善王休密馱朝於堅，堅賜以朝服，引見西堂。窴等見其宮宇壯麗，儀衛嚴肅，甚懼，因請年年貢獻。堅以西域路遙，不許。令三年一貢，九年一朝，以為永制。窴等請曰：『大宛諸國，雖通貢獻，然誠節未純，請乞依漢置都護故事。若王師出關，請為鄉導。』堅於是以驍騎呂光為持節、都督西討諸軍事，與陵江將軍姜飛、輕騎將軍彭晃等配兵七萬，以討定西域。苻融……固諫，……朝臣又屢諫，皆不納。」「明年，呂光發長安，堅送於建章宮，謂光曰：『西戎荒俗，非禮儀之邦。羈縻之道，服而赦之，亦以中國之威，導以王化之法，勿極武窮兵，過深殘掠。』加鄯善王休密馱使持節、散騎常侍、都督西域諸軍事、寧西將軍，車師前部王彌窴使持節、平西將軍、西域都護，率其國兵為光鄉導。」

晉書卷一百二十二呂光載記：「姜飛、彭晃，乃更有杜進、康盛。」

北史卷九十七西域傳：「車師一名前部。」

又云：高昌者，車師前王之故地，漢之前部地也。

此傳車師與前部竝列，則此傳之前部當指高昌而言。

僧祐出三藏記集卷八道安摩訶鉢羅若波羅蜜經抄序：「建元十八年正(月)，車師前部王名彌第來朝。」

同書卷九，四阿含暮抄序：「有外國沙門，字因提麗，先齎詣前部國，秘之佩身，不以示人。其王彌第求得諷之，遂得布此。」

據題下子注，此序亦道安所作。

又：此論譯於壬午歲，即苻秦建元十八年，蓋即彌第朝秦時所齎來者，序文所謂「遂得布此」者也。

光軍未至，什謂龜兹王白純曰：「國運衰矣，當有勍敵，日下人從東方來，宜恭承之，勿抗其鋒。」純不從而戰，光遂破龜兹，殺純，立純弟震為主。

晉書呂光載記作帛純，而四夷傳則作白純，本為音譯，無定字也。

晉書卷一百十四苻堅載記下：「呂光討平西域三十六國，所獲珍寶以萬萬計，堅下書以光為使持節、散騎常侍、都督玉門以西諸軍事、安西將軍、西域校尉，進封順鄉侯，增邑一千户。」

晉書卷一百二十二呂光載記：「〔呂光〕見〔龜茲〕宫室壯麗，命參軍京兆段業著龜茲宫賦以譏之。」「時始獲鳩摩羅什，羅什勸之東還，語在西夷傳。」

全檢西夷傳，不見，待考。

> 光既獲什，未測其智量，見年齒尚少，乃凡人戲之，强妻以龜茲王女，什拒而不受，辭甚苦到。……什被逼既至，遂虧其節。

什生西曆三四四年，此事當在東晉孝武帝太元八年，西曆三八三年，此時什公年已四十矣，年齒非少。

> 既而纂敗於合棃。

晉書卷一百二十二呂光載記作「合離」，卷九十五藝術傳什傳作「合黎」。

俄又郭馨作亂。

晉書卷一百二十二呂光載記作郭麐，當據以改正。此作「馨」，乃字之誤。

咸寧二年，有猪生子，一身三頭，龍出東廂井中，到殿前蟠卧，比旦失之，纂以為美瑞，號大殿為龍翔殿。俄而有黑龍升於當陽九宫門，纂改九宫門為龍興門。

洪亮吉十六國疆域志卷十：「姑藏有龍翔殿……龍興門。」

什奏曰：「皆潛龍出遊，豕妖表異。龍者陰類，出入有時，而今屢見，則為災眚，必有下人謀上之變，宜剋己修德，以答天戒。」纂不納。

與什博，戲殺，纂曰：「斫胡奴頭。」什曰：「不能斫胡奴頭，胡奴將斫人頭。」……超小字胡奴，後果殺纂斬首。

此節晉書卷一百二十二呂纂載記有之，而分載二處。但晉書作「纂納之」，適與此傳相反。

什停涼積年，吕光父子既不弘道，故藴其深解，無所宣化。

智昇續集古今佛道論衡引後漢書云：「秦主苻堅建元十九年，遣吕光西討龜兹國，得沙門鳩摩羅什，是龜茲國大丞相之長子。……羅什在涼州譯出大華嚴經以自翫。」

及姚萇僭有關中，聞其高名，虛心要請，諸呂以什智計多解，恐為姚謀，不許東入。及萇卒，子興襲位，復遣敦請。興弘始三年……至九月隆上表歸降，方得迎什入關，以其年十二月二十日至於長安。

出三藏記集卷八僧叡大品經序：「〔究摩羅什法師〕以弘始三年，歲次星紀，冬十二月二十日至長安。」

又，出三藏記集卷十僧叡大智釋論序所記什公至長安時日亦同，故此傳所紀之日可信。

出三藏記集卷十四羅什傳云：「到晉隆安二年，呂隆始聽什東。既至姑臧，會萇卒，子興立，……云云。」

案：什公弘始三年十二月二十日至長，適當呂隆神鼎元年，云「晉隆安二年」呂纂尚存，此不過以次年為弘始元年姚興襲位事言之耳。載「隆安二年」之「二」字乃「五」字之誤。果爾，則適當弘始三年，亦呂隆神鼎元年，時代、人名皆符合也。

境野支那佛教（史）講話上，頁一百六十五似誤。

〔姚〕興弘始三年三月，有樹連理生於廟庭，逍遥園葱變為茝，以為美瑞，謂智人應入。

太平御覽卷九百六獸部十八麇：「戴延之西征記曰：徽音殿西南姚興起波若臺，有逍遥園，西去三百步有鹿子苑，羌王養麇鹿數百頭。」

十六國疆域志卷五曰：「常安有逍遥園。」

宋敏求長安志卷五後秦（原注：姚氏）逍遥園下注：「起逍遥宮，殿庭左右有樓閣高百尺，相去四十丈，以麻繩大一圍，兩頭各拴樓上，會日令二人各從樓内出，從繩上行過，以為佛神相遇。」

自大法東被，始於漢明，涉歷魏晉，經論漸多，而支竺所出，多滯文格義。

本書卷一法護傳云：「本姓支氏。事外國沙門竺高座為師。」

「支竺」殆指法護？護月支人，師竺高座，故從師姓。此意可於崔致遠賢首傳推之。

（録者注：崔致遠賢首傳云：「諦、護後稱支、竺，蓋從西師改焉。」）

賢首傳謂：曇諦、法護。

本書卷八曇諦傳：姓康，其先康居人。

然支謙譯維摩結，法護譯法華，什公皆重譯之，此二人皆什前文譯學者也。詎乎或指此二人未可知也。

出三藏記集卷八道安摩訶鉢羅若波羅蜜經抄序：「支讖、世高審得胡本難繫者也。叉羅支越斲鑿之巧者也。」

案：「叉羅」殆「羅叉」之倒誤，謂竺法護也。

支謙，一名越，見本書卷一康僧會傳。則「支竺」二字乃指支謙、法護，因什公所譯維摩、法華為於支謙、法護後，重譯本而最顯著者。此為本傳「支竺」二人之證。

二人俱是譯波若經〔為其〕最顯著之作也。

> 興少崇三寶，銳志講集。什既至止，仍請入西明閣及逍遥園，譯出衆經。什既率多諳誦，無不究盡，轉能漢言，音譯流便。既覽舊經，義多紕繆，皆由先譯失旨，不與梵本相應。於是興使沙門僧䂮、僧遷、法欽、道流、道恒、道標、僧叡、僧肇等八百餘人，諮受什旨，更令出大品。什持梵本，興執舊經，以相讎校，其新文異舊者，義皆圓通，衆心愜伏，莫不欣讚。興以佛道沖邃，其行唯善，信為出苦之良津，御世之洪則。……王公以下，並欽讚厥風。

晉書卷一百十七載記十七姚興上：「興如逍遥園，引諸沙門于澄玄堂，聽鳩摩羅什演説佛經。羅什通辯夏言，尋覽舊經，多有乖謬，不與胡本相應。興與羅什及沙門僧略、僧遷、道樹、僧叡、道坦、僧肇、曇順等八百餘人，更出大品。羅什持胡本，興持舊經，以相考校。其新文異舊者，皆會於理義。續出諸經并諸論三百餘卷。今之新經皆羅什所譯。興既託意於佛道，公卿以下莫不欽附。沙門自遠而至者五千餘人，起浮圖于永貴里，立波若臺于中宮，沙門坐禪者恒有千數，州郡化之事佛者十室而九矣。」

出三藏記集卷八僧叡大品經序云：「以弘始五年，歲在癸卯，四月二十三日，於京城之北逍遥園中出此經。法師手執胡本，口宣秦言，兩釋異音，交辯文旨。秦王躬覽舊經，驗其得失，諮其通途，坦其宗致。與諸宿舊義業沙門釋慧恭、僧䂮、僧遷、寶度、慧精、法欽、道流、僧叡、道恢、道標、道恒、道悰等五百餘人，詳其義旨，審其文中，然後書之。以其年十二月十五日出盡。校正檢括，明年四月二十三日乃訖。文雖粗定，以釋論檢之，猶多不盡。是以隨出其論，隨而正之。釋論既訖，爾乃文定。定之未已，已有寫而傳者；又有以意增損，私以般若波羅蜜為題者。致使文言舛錯，前後不同。良由後生虚己懷薄，信我情篤故也。」

歷代三寶記卷八大品下注，當取自叡公二秦録，亦同出一源。

〔興〕故託意九經，遊心十二，乃著通三世論，以勗示因果。

丁福保佛學大辭典頁一百六十五。（録者注：此指民國十四年上海醫學書局版之頁數，一九八四年北京文物出版社影印版作頁八十二，當指「九部經」條。）

丁氏佛學大辭典頁一百八十五「十二因緣」條。（録者注：一九八四年影印版為頁九十四。）

大乘法苑義林章卷二，十二分章。

Kern 之佛教概論頁七（英文版）。

（十二因緣）dvādaśāṅga pratītyasamutpāda

一、無明　avidyā　　二、行　saṃskāra

三、識　vijñāna　　四、名色　nāma-rūpa

五、六處　ṣaḍ-āyatana　　六、觸　sparśa

七、受　vedanā　　八、愛　tṛṣṇā

九、取　upādāna　　十、有　bhava

十一、生　jāti　　十二、老死　jarā-maraṇa

「遊心十二」，據什公答姚興書，當指十二因緣言，見廣弘明集卷二十一。（録者注：此指金陵本，四部叢刊本入卷十八，下同。）

大將軍常山公顯，左軍將軍安成侯嵩，並篤信緣業。

見廣弘明集卷二十一（金陵本），姚嵩上後主姚興佛義表。

屢請什於長安大寺講説新經，續出小品、金剛般若、十住、法華、維摩、思益、首楞嚴、持世、佛藏、菩薩藏、遺教、菩提無行、呵欲、自在王、因緣觀、小無量壽、新賢劫、禪經、禪法要、禪要解、彌勒成佛、彌勒下生、十誦律、十誦戒本、菩薩戒本、釋、成實、十住、中、百、十二門論，凡三百餘卷。

「小品」十卷。弘始十年四月。

出三藏記集卷八僧叡小品經序：「以弘始十年二月六日請令出之，至四月三十日校正都訖。」

「金剛般若」一卷。

「十住」經[五]卷，論十四卷。

「法華」七卷。

「維摩」三卷。

「思益」四卷。

「首楞嚴」下，僧祐多「華手」。

「佛藏」三卷，一名選擇諸法經。

「菩薩藏」三卷，一名富樓那問經，亦名大悲心經。

「菩提」或云文殊師利問菩提經，即伽耶山頂經。「菩提無行」：僧佑什傳同，而其後「新賢劫經」下又有「諸法無行」，則此之「無行」不知所指。
「無行」諸法無行經。
「呵欲」菩薩呵色欲經。
「自在王」二卷。
「因緣觀」十二因緣觀。僧祐什傳「因緣觀」下多「一分」，不知所指。
「新賢劫」出三藏記集卷二，云已佚。舊譯，法護。
「禪經」坐禪三昧經。
「禪法要」禪秘要法經。
「禪要」禪法要解經。
「彌勒成佛」一名彌勒本願待時成佛經。
「彌勒下生」僧祐什傳「彌勒下生」下多「稱揚諸佛功德」。
「菩薩戒本」一卷（三寶記卷八）。
「釋」開元録謂：亦云摩訶般若釋論。「釋」僧祐什傳作「大智」，可知「釋」即大智度論。
「成實」

吉藏三論玄義卷上：「秦弘始七年，天竺有刹利浮海至長安，聞羅什作大乘學，以正觀論等諮而驗之。什公為其敷折，為頂受絶歎不能已已。白什公曰：當以此明震暉天竺，何由蘊此摩尼乃在邊地，我在天竺聞諸論師，深怪罽賓小乘學者，鳩摩羅陀自稱朗月之照，偏智小才，非此喻也。而訶梨惜其師以才自傷，以智自病，故作此論，以辨有法之寶，明其依實之假，故以成實為名。」

又同書卷下：「羅什分別部論，……明二十部。」

梵網經序（此序宋、元、明、宮四本俱無）：「此經本有一百十二卷，六十一品，……大小二乘五十餘部，唯梵網經最後誦出。時融、影三百人等，一時受菩薩十戒，豈唯當時之益，乃有累劫之津。故與道融別書出此心地一品。當時有三百餘人誦此一品，故即書是品八十一部。」

與僧肇序略異，又多「最後誦出」四字。

僧肇梵網經序：「唯梵網經一百二十卷，六十一品，其中菩薩心地品第十，專明菩薩行地。是時道融、道影三百人等，即受菩薩戒，人各誦此品，以為心首。師徒義合，敬寫一品八十一部。」

龍光釋道生慧解入微，玄搆文外，每恐言舛，入關請決。

龍光寺本晉恭帝后恭思皇后褚靈媛（褚爽女）所立，原名青園寺。見本書卷七道生傳：「後還都止青園寺。寺是晉恭思皇后褚氏所立，本種青處，因以為名。……雷震青園佛殿，龍昇于天，光影西壁，因改寺名號曰龍光。」

廬山釋慧遠學貫群經，棟梁遺化，而時去聖久遠，疑義莫決，乃封以諮什，語見遠傳。

本書卷六曇邕傳：「事遠公為師。……後為遠入關，致書羅什，凡為使命，十有餘年。」

初，沙門慧叡，才識高明，常隨什傳寫。

本書卷七慧叡傳：「遊歷諸國，迺至南天竺界，音義詁訓，殊方異義，無不必曉。……陳郡謝靈運篤好佛理，殊俗之音，多所達解。迺諮叡以經中諸字，并衆音異旨，於是著十四音訓叙，條列梵漢，昭然可了，使文字有據焉。」

什每為叡論西方辭體，商略同異，云：「天竺國俗，甚重文製，其宮商體韻，以入絃為善。凡覲國王，必有讚德，見佛之儀，以歌歎為貴，經中偈頌，皆其式也。但改梵為秦，失其藻蔚，雖得大意，殊隔文體。有似嚼飯與人，非徒失味，乃令嘔噦也。」什嘗作頌贈法門法和云：「心山育明德，流薰萬由延。哀鸞孤桐上，清音徹九天。」凡為十偈，辭喻皆爾。

出三藏記集卷十僧叡大智釋論序云：「法師於秦語大格，唯識（譯）一法（往），方言殊好，猶隔而未通。」

同書卷十一僧肇百論序：「先雖親譯，而方言未融，致令思尋者躊躇於謬文，標位者乖迕於歸致。」僧叡大智釋論序及僧肇百論序，知什公於秦語不甚諳達。

據三寶記，此二論皆弘始六年出。此年以前羅什於漢語猶未融通，此詩若非作於晚年已精中文之後，則必經人改易，方能詞藻斐然若是也。

什雅好大乘，志存敷廣，常歎曰：「吾若著筆作大乘阿毘曇，非迦旃延子比也。今在秦地，深識者寡，折翮於此，將何所論。」乃悽然而止。

吉藏三論玄義上，排震旦衆師條云：「羅什昔聞三玄與九部同極，伯陽與牟民抗行，乃喟然歎曰：老莊入玄，故應易惑耳目。凡夫之智，孟浪之言，言之似極，而未始詣也。推之似盡，而未誰至也。」

「略陳六義，明其優劣：外但辨乎一形，内則朗鑒三世；外則五情未達，内則説六通窮微；外未即萬有而為太虛，内説不壞假名而演實相；外未能即無為而遊萬有，内説不動真際建立諸法；外存得失之門，内冥二際於絶句之理；外未境智兩泯，内則緣觀俱寂。以此詳之，短羽之於鵬翼，坎井之於天池，未足喻其懸矣。秦人疑其極，吾復何言哉。」

此文不知何所出，然可據與下文「今在秦地，深識者寡，折翮於此，將何所論。」之語互證。蓋支那之玄學較之天竺，高下殊絕，宜為什公所輕視也。

唯為姚興著實相論二卷。

三寶記卷八：「實相論一卷，什自著。」

並注維摩。

今維摩肇注，多引什公之說，殆即此書，非別有一本也。

姚主常謂什曰：「大師聰明超悟，天下莫二，若一旦後世，何可使法種無嗣。」遂以妓女十人，逼令受之，自爾以來，不住僧坊，別立廨舍，供給豐盈。每至講說，常先自說譬喻：如臭泥中生蓮花，但採蓮花，勿取臭泥也。

晉書卷九十五藝術傳鳩摩羅什傳：「嘗講經於草堂寺，興及朝臣、大德沙門千有餘人肅容觀聽，羅什忽下高坐謂興曰：『有二小兒登吾肩，欲鄣須婦人。』興乃召宮女進之，一交而生二子焉。」又：「再後不住僧坊，別立解舍，諸僧多效之。什乃聚針盈鉢，引諸僧謂之曰：『若能見效食此者，乃可畜室耳。』因舉匕進針，與常食不別，諸僧愧服乃止。」魏書卷一百十四釋老志：「太和二十一年五月，詔曰：羅什法師可謂神出五才，志入四行者也。今常住寺，猶有遺地，欽悅修蹤，情深遐遠，可於舊堂所，為建三級浮圖。又見逼昏虐，為道殄軀，既暫同俗禮，應有子胤，可推訪以聞，當加敘接。」

什答云：「漢境經律未備，新經及諸論等，多是什所傳出，三千徒衆，皆從什受法。……」於是力疾與衆僧告别曰：「……自以闇昧，謬充傳譯，凡所出經論三百餘卷，唯十誦一部，未及删煩，存其本旨，必無差失。願凡所宣譯，傳流後世，咸共弘通。今於衆前發誠實誓，若所傳無謬者，當使焚身之後，舌不燋爛。」……後外國沙門來云：「羅什所諳，十不出一。」

出三藏記集卷十一道安比丘大戒序謂：「嫌其丁寧，文多反復，稱即命慧常，令斥重去複。常乃避席謂：『大不宜爾。……與其巧便，寧守雅正。譯胡為秦，東教之士猶或非之，願不刊削以從飾也。』……於是案胡文書，唯有言倒，時從順耳。」此足見直譯之説，與羅什之意譯，殆異其旨。可檢彼文供參考。

本書卷六曇影傳：「助什譯經，初出成實論，凡諍論問答，皆次第往反。影恨其支離，乃結為五番，竟以呈什，什曰：『大善。深得吾意。』」

出三藏記集卷十一略成實論記：「成實論十六卷，羅什法師於長安出之，曇晷筆受，曇影正寫。影欲使文玄，後自轉為五翻，餘悉依舊本。」

案：現行成實論共二百二品，分：發聚、苦諦聚、集諦聚、滅諦聚、道諦聚五大段。蓋非梵文原來如此，乃曇影所轉結者。可知什譯諸書，體裁多與原本不同也。

出三藏記集卷十僧叡大智釋論序：「胡文委曲，皆如初品。法師以秦人好簡，故裁而略之，若備譯其文，將近千有餘卷。」

出三藏記集卷十一僧叡中論序：「其人（青目）雖信解深法，而辭不雅中，其中乖闕煩重者，法師皆裁而裨之，於經通之理盡矣。」

此什公翻譯以己意增減之一證。

道宣律相感通傳，初問佛事門：「余問：什師一代所翻之經，至今若新受持轉盛，何耶？答曰：其人聰明，善解大乘，以下諸人並皆俊艾，一代之寶也。絕後光前，仰之所不及，故其所譯以悟達為先，得佛遺寄之意也，又從毘婆尸佛已來譯經。又問：俗中常論以淪陷戒檢為言。答：此不須評，非悠悠者所議。什師今位階三賢，所在通化，然其譯經刪補繁闕，隨機而作，故大論一部十分略九，自餘經論例此可知。自出經後，至今盛誦，無有替廢，冥祥感降，歷代彌新，以此證量深會聖旨，及文殊指授令其刪定，特異恒倫，豈以別室見譏，頓忘玄致，殊不足涉言也。」

什未終日，少覺四大不愈。

晉書「少日」，與此例，似較佳。（録者注：晉書作「羅什未終日，少日覺四大不愈」。）

什未終日，少覺四大不愈，乃口出三番神呪，令外國弟子誦之以自救，未及致力，轉覺危殆。於是力疾與衆僧告别曰：「因法相遇，殊未盡伊心，方復後世，惻愴可言。自以闇昧，謬充傳譯。……

願凡所宣譯，傳流後世，咸共弘通。」

僧肇注維摩結經問疾品：「地大、水大、火大、風大，於此四大，何大之病？什曰：病所由起不以一事，必由四大假會而生。」

又，經云：「而衆生虛假之疾，從四大起」，此印度醫學家言也。

僧肇注維摩結經問疾品，憶所修福，肇注引什公語：「外國法從生至終，所作福業一一書記。若命終時傍人為說，令其恃福心不憂畏也。」

什公一生大福在傳譯經論，或臨終時亦欲修此福而無憂畏歟？

慈恩傳卷十，玄奘臨終：「遂命嘉尚法師具録所翻經、論，合七十四部，總一千三百三十五卷。又録造俱胝畫像、彌勒像各一千幢，又造素像十俱胝，又寫能斷般若、藥師、六門陀羅尼等經各一千部，供養悲、敬二田各萬餘人，燒百千燈，贖數萬生。録訖，令嘉尚宣讀，聞已合掌喜慶。」道宣四分律刪繁補闕行事鈔卷下之四，瞻病送終篇引維摩經問疾品，憶所修福，念於淨命等傳云：「中國臨終者不問道俗親緣在邊看守，及其根識未壞，便為唱讀一生已來所修善行，意令病者内心歡喜，不憂前途，便得正念不亂故生好處。智論經中云：從生作善，臨終惡念，便生惡道。從生造惡，臨終善念而生天上。……云云。」

以偽秦弘始十一年八月二十日卒於長安，是歲晉義熙五年也。

實以弘始十五年四月十三日卒。

廣弘明集卷二十六（録者注：當指金陵本，四部叢刊本為卷二十三。）僧肇鳩摩羅什法師誄序云：「癸丑之年，年七十，四月十三日薨於大寺。」

然什死年月，諸記不同，或云弘始七年，或云八年，或云十一年，尋七與十一，字或訛誤，而譯經録傳中，猶有「十」「一」年者，恐雷同三家，無以正焉。

諸本中惟麗本無此「十」字，想即指弘始十五年也。蓋「一年」謂「又一年歲説」也。

圓照貞元新定釋教録啓廣弘明集僧肇什公誄定其卒年，最確。開元釋教録雖疑諸年皆不合，而尚不知據肇誄也。

即於逍遥園，依外國法，以火焚屍，薪滅形碎，唯舌不灰。

見本書卷八道温傳附僧嵩事蹟。又，出三藏記集卷五小乘迷學竺法度造異儀記中「彭城僧淵，誹謗涅槃，舌根銷爛」事可參考。

初，什一名鳩摩羅耆婆。外國製名，多以父母為本。什父鳩摩炎，母字耆婆，故兼取為名。

根本説一切有部毘奈耶出家事卷一：「底沙婆羅門而與（舍利）論難，舍利得勝。時底沙作如是念：昔時論難，我已得勝，今時不如，此有何緣？復作是念：此應由胎，是彼威德。乃於後時，十月滿足，生一男子。……宗親集會，欲與立字，當作何名？父曰：此兒宜可將詣外翁（摩吒囉）當與立字。既至翁處，白言：大翁，此子當立何字？其翁告曰：既是底沙之子，宜可為名鄔波底沙。使將兒還，底沙問曰：子立何名？報曰：名為鄔波底沙。于是底沙便作是念：此子既與父族為名，我今更與母族為字，名舍利子。時人或云鄔波底沙，或云舍利子。」

出三藏記集卷九：僧衛，十住經合注序；僧馥，菩提經注序；慧遠，廬山出修行方便禪經統序均作「耆婆」。又卷十：僧叡，大智釋論序亦作「耆婆」。

出三藏記集卷八：僧叡，大、小品經序，法華經後序，毘摩羅詰提經義疏序及卷九：僧叡，關中出禪經序，「鳩」作「究」均同。

三寶記及靖邁古今譯經圖紀謂之「鳩摩羅什婆」。

晉書卷一百二十二呂纂載記：「道士句摩羅耆婆言於纂曰：『潛龍屢出，豕犬見妖，將有下人謀上之禍，宜增修德政，以答天戒。』纂納之。耆婆，即羅什之別名也。」

錢大昕二十二史考異卷五：「『句』『鳩』聲相近，然下文又稱鳩摩羅什，一篇之中名氏互異，亦一病也。六朝稱僧為道人，此『道士』當為『道人』之譌。（原注：鳩摩羅什傳亦云：道士之操。）」

寅恪案：什公名氏，當時雖其門下諸人猶稱謂不一，蓋其譯無定字故也。至於「道人」「道士」之分，竹汀所持，詳見其所著十駕齋養新録。然古籍通稱，實無分別如錢氏之説者也。

宗性實唱名僧傳鈔目録第二卷外國法師二：「僞秦逍遥園鳩摩羅耆婆二。」

宗性實唱名僧傳鈔附名僧傳説處第二：羅什見中、百二論始悟大乘事。

夢釋迦如來以手摩羅什頂曰：汝欲想即土（生）悔心事。

羅什三藏譯法華等諸經論三十八部二百九十四卷事。

漢土三千徒衆從羅什受法事。

羅什臨終衆僧告别事。

羅什燒身之後舌猶存事。

惟歷代三寶記及圓照貞元釋教録什傳加入道融、僧叡傳，與本書不甚同。

道宣大唐内典録卷三什傳已略節三寶記文云：事在别傳。

豈當時别有什傳，而皎公析入融、叡而傳耶？待考。

道融事參考：馬鳴傳、提婆傳、付法藏因緣傳、婆藪槃豆傳及慈恩傳卷四奘公與順世外道辯論事。

又：三寶記、内典録、開元及貞元釋教録「長安」皆作「常安」，殆姚萇改名，然則此傳蓋遠本諸二秦録矣。

晉長安佛陀耶舍

> 耶舍先誦曇無德律，僞司隸校尉姚爽請令出之，與疑其遺謬，乃請耶舍，令誦羌籍藥方可五萬言，經一日，乃執文覆之，不誤一字，衆服其强記。即以弘始十二年譯出四分律，凡四十四卷。

參考出三藏記集卷三第二十頁中。（録者注：當指卷三新集律來漢地四部録之曇無德四分律。）

晉京師道場寺佛馱跋陀羅

嚴既要請苦至，賢遂愍而許焉，於是捨衆辭師，裹糧東逝。步驟三載，綿歷寒暑，既度葱嶺，路經六國，國主矜其遠化，並傾心資奉。至交趾，乃附舶循海而行。

本書卷一康僧會傳有「通六國語」之語。

東來之路，既度葱嶺，乃由陸路經中央亞細亞至支那。何得忽又至交趾附舶循海而行耶？

賢自起收纜，一舶獨發，……頃之，至青州東萊郡。

此亦為法顯之歸，由山東半島登陸也。

〔鳩摩羅〕什每有疑義，必共諮決。時秦太子泓，欲聞賢説法，乃要命羣僧，集論東宮。羅什與賢數番往復，什問曰：「法云何空。」答曰：「衆微成色，色無自性，故雖色常空。」又問：「既以極微破色空，復云何破微。」答曰：「羣師或破析一微，我意謂不爾。」又問：「微是常耶。」答曰：「以一微故衆微空，以衆微故一微空。」時寶云譯出此語，不解其意，道俗咸謂賢之所計，微塵是常。餘日長安學僧復請更釋，賢曰：「夫法不自生，緣會故生。緣一微故有衆微，微無自性，則為空矣。寧可言不破一微，常而不空乎。」此是問答之大意也。

參觀吉藏中論疏同異門第六，安澄中論疏記三末「關内即色」之説，予疑即指此。

本書卷四支遁傳。

世説賞譽篇王濛稱支遁語。

秦主姚興專志佛法，供養三千餘僧，並往來宮闕，盛修人事，唯賢守静，不與衆同。

或謂此覺賢得罪之由。

時舊僧僧䂮、道恒等謂賢曰：「佛尚不聽説己所得法，先言五舶將至，虚而無實，又門徒誑惑，互起同異，既於律有違，理不同止，宜可時去，勿得停留。」

僧䂮為僧主，道恒亦極為姚興所重，欲勸之罷道者。

又沙門法顯於西域所得僧祇律梵本，復請賢譯為晉文，語在顯傳。其先後所出觀佛三昧海六卷、泥洹及修行方便論等，凡一十五部，一百十有七卷，並究其幽旨，妙盡文意。

出三藏記集卷第八泥洹經記云：「義熙十三年（西曆四一七）十月一日於謝司空石所立道場寺出

此方等大般泥洹經，至十四年正月一日校定盡訖。禪師佛大跋陀手執胡本，寶雲傳譯。于時座有二百五十人。」

案卷二法顯條，「十」下脱「一」字。（録者注：當指「十」月應為「十一」月，見出三藏記集卷二法顯條：大般泥洹經六卷晉義熙十三年十一月一日，道場寺譯。）

晉河西曇無識　道普

曇無讖，或云曇摩讖，或云曇無懺，蓋取梵音不同也。

取梵音不同者即譯者之方言有異耳。

十歲，同學數人讀呪，聰明出羣，誦經日得萬餘言。初學小乘，兼覽五明諸論，講説精辯，莫能詶抗。

今石山寺本龍樹五明論中有諸種呪術，宜如魏書之所言也。

讖以涅槃經本，品數未足，還外國究尋。後於于闐，更得經本中分，復還姑臧譯之。後又遣使于闐，尋得後分，於是續譯為三十三卷。以偽玄始三年初就翻譯，至玄始十年十月二十三日三表方竟，即宋武永初二年也。讖云：「此經梵本，本三萬五千偈，於此方減百萬言，今所出者止一萬餘偈。」

出三藏記集卷八涼州道朗大涅槃經序云：「讖既達此，以玄始十年，歲次大梁（辛酉）十月二十三日，河西王勸請令譯。」

玄始三年為東晉義熙十年，西曆紀元後四百十四年。

玄始十年為宋武帝永初二年，西曆四百二十一年。

出三藏記集卷八大涅槃經記序云：「此大涅槃經，初十卷有五品。其梵本是東方道人智猛從天竺將來，暫憩高昌。有天竺沙門曇無讖……先在燉煌。河西王西定燉煌……遣使高昌，取此梵本，命讖譯出。此經初分唯有五品，次六品已後，其本久（不）在燉煌。讖因出經下際，知部黨不足，訪募餘殘，有胡道人應期送到。此經梵本都二萬五千偈，後來梵本，想亦近具足。……今現已有十三品，作四十卷。」

本書（卷三）智猛傳「以甲子歲發天竺」，即宋文帝元嘉元年，即北涼玄始十三年，據道朗序謂此經譯出後三年矣。

僧祐注此記後云：「祐尋此序與朗法師序及讖法師傳小小不同，未詳孰正，故復兩存。」蓋已疑之。

境野黄洋支那佛教史講話上卷及支那佛教史之研究，既誤以智猛發天竺甲子歲為玄始十一年，但決定讖譯後部為智猛本之不可能，則似亦可從。

至遜義和三年三月，讖固請西行，更尋涅槃後分，遜忿其欲去，乃密圖害讖，偽以資糧發遣，厚贈寶貨。臨發之日，讖乃流涕告衆曰：「讖業對將至，衆聖不能救矣。」以本有心誓，義不容停，比發，遜果遣刺客於路害之，春秋四十九，是歲宋元嘉十年也。

魏書卷九十九盧水胡沮渠蒙遜傳云：「始罽賓沙門曰曇無讖，東入鄯善，自云『能使鬼治病，令婦人多子』，與鄯善王妹曼頭陀林私通。發覺，亡奔涼州。蒙遜寵之號曰『聖人』。曇無讖以男女交接之術教授婦人，蒙遜諸女、子婦皆往受法。世祖聞諸行人，言曇無讖之術，乃召曇無讖。蒙遜不遣，遂發露其事，拷訊殺之。」

有別記云，菩薩地持經，應是伊波勒菩薩傳來此土，後果是讖所傳譯，疑讖或非凡也。

後漢書七十二楚王英傳，明帝永平八年詔書曰：其還贖，以助伊蒲塞桑門之盛饌。（原注云：伊蒲塞即優婆塞也。）

「伊婆勒」即是優婆羅（離）Upāli 之音譯，「伊蒲塞」梵文為 upāsaka，此「u」古譯「伊」，以後譯「優」之明證。

「勒」字則疑古西域語每於梵文語尾加 k 音，如睹勿羅語彌勒 Metrak 及 ṛṣi 之為 ṛṣak 是也。

〔道〕普本高昌人，經遊西域，遍歷諸國，供養尊影，頂戴佛鉢，四塔道樹，足跡形像，無不瞻覿。

頂戴佛鉢事參觀智猛及鳩摩羅什傳。

卷第三　譯經下

宋江陵辛寺釋法顯

後至中天竺，於摩竭提邑波連弗阿育王塔南天王寺，得摩訶僧祇律，又得薩婆多律抄、雜阿毗曇心、綖經、方等泥洹經等。

法顯佛國記：「至中天竺，於此摩訶衍僧伽藍得一部律，是摩訶僧祇律，佛在時最初大衆所行也。……復得一部抄律，是薩婆多衆律。……復於此衆中得雜阿毗曇心，又得一部經，又得一卷方等般泥洹經，又得摩訶僧祇阿毗曇。」

據此則大乘寺中有僧祇律，可注意。「又復得」下是否大乘寺中「復得」，文不明。若是仍在此寺，

「此衆」指薩婆多衆，則說一切有部律及雜阿毘曇皆原一類，而大衆律大衆部阿毘曇與方等原必共為一類，是方等泥洹與大衆部或有關係也。

〔法顯〕遂南造京師，就外國禪師佛馱跋陀，於道場寺譯出摩訶僧祇律、方等泥洹經、雜阿毘曇心，垂百餘萬言。

出三藏記集卷二法顯條：「大般泥洹經六卷晉義熙十三年十一月一日，道場寺譯。」

顯既出大泥洹經，流布教化，咸使見聞。有一家失其姓名，居近朱雀門，世奉正化，自寫一部，讀誦供養，無別經室，與雜書共屋。後風火忽起，延及其家，資物皆盡，唯泥洹經儼然具存，煨燼不侵，卷色無改。

慧叡喻疑言：〔此大般泥洹經〕是慧祐傖人所寫，見出三藏記集五。本書〔卷七〕慧嚴傳亦可參考。

宋京師枳園寺釋智嚴

嚴昔未出家時，嘗受五戒，有所虧犯，後入道受具足，常疑不得戒，每以為懼。積年禪觀而不能自了，遂更汎海，重到天竺，諮諸明達。值羅漢比丘，具以事問，羅漢不敢判決，乃為嚴入定，往兜率宫諮彌勒，彌勒答云：「得戒」。嚴大喜，於是步歸。

此時與本書卷十二慧覽事〔相似〕，疑彼傳依託。

宋京師祇洹寺求那跋摩

寺有寶月殿，跋摩於殿北壁，手自畫作羅雲像，及定光儒童布髮之形，像成之後，每夕放光，久之乃歇。

印度人亦作壁畫。

宋京兆釋智猛

猛於奇沙國，見佛文石唾壺，又於此國見佛鉢，光色紫紺，四際盡然。猛香華供養，頂戴發願：鉢若有應，能輕能重，既而轉重，力遂不堪，及下案時，復不覺重，其道心所應如此。

見本書卷二鳩摩羅什傳及卷十二慧覽傳「覽曾遊西域，頂戴佛鉢」。

後至華氏國阿育王舊都，有大智婆羅門，名羅閱家，舉族弘法。既見猛至，乃問：「秦地有大乘學不。」猛答：「悉大乘學。」羅閱驚歎曰：「希有希有，將非菩薩往化耶。」猛於其家得大泥洹梵本一部，又得僧祇律一部，及餘經梵本，誓願流通，於是便反。

參閱法顯佛國記，則大泥洹經與大衆部有關也。

出三藏記集卷八，二十卷泥洹經記云：「毗耶離國有大小乘學不同。帝利城次華氏邑有婆羅門氏族甚多。其稟性敏悟，歸心大乘，博覽衆典，無不通達。……智猛即就其家得泥洹胡本，還於涼州，出得二十卷。」

據出三藏記集八大涅槃經記，曇無讖所譯即智猛携歸之胡本。

灌頂大般涅槃經玄義卷下云：「小本是法顯於天竺鈔初分，翻為六卷。大本上帙是道猛賫來，斯乃廣略二文耳。世猶惑焉，若是異聞，那忽問詞答旨，兩本皆同？若是鈔者，只應存略，那忽前後？大本則如來說偷狗，六卷迦葉問偷狗；大本偈說三歸，六卷長行說三歸。解云：問詞答旨，所同處少，不同處多。昔鈔梵文，尚無前後。秦人翻譯，逐意奚互，於二義無妨也。」

智圓涅槃玄義發源機要卷四：作「㨙」為「換」也。又不知大涅槃經後記之別說陋矣。

據此可知，章安亦信讖譯前部即智猛賫歸之本也。

宋京師中興寺求那跋陀羅

求那跋陀羅，此云功德賢，中天竺人，以大乘學，故世號摩訶衍。……後於丹陽郡譯出勝鬘、楞伽經，徒衆七百餘人，寶雲傳譯，慧觀執筆，往復諮析，妙得本旨。

宋書九十七天竺迦毘黎國傳：「大明中，外國沙門摩訶衍苦節有精理，於京都多出新經，勝鬘經尤見重内學。」

元嘉十二年至廣州，刺史車朗表聞，宋太祖遣信迎接。既至京都，勅名僧慧嚴、慧觀於新亭慰勞。

此為後來達摩事所從出。

跋陀上階，因迎謂之曰：「摩訶衍不負遠來之意，但唯有一在。」

傳首云：「以大乘學，故世號摩訶衍」。

玄奘又掖其弟子大乘，故其弟子應冠以大乘。

檢慧沼著勸發菩提心集下第一條「大唐三藏法師傳西域正法藏受菩薩戒法」。可參考：「慈恩傳卷七：永徽二年玄奘授瀛州刺史賈敦頤等菩薩戒。」

開元録有玄奘譯菩薩戒羯磨文一卷，恐是授大乘戒時用者，或與慧沼書有關係也。

喻伽師地論菩薩地品即地持經故宜奘師用以授戒也。

又西域記辯機後序，知奘有大乘天及解脱天之名。前者天竺大乘派稱之，後者小乘派稱之。慈恩傳載慧天致奘曰「木叉阿遮利耶」，慧天本小乘學者，是其明證。

卷第三譯經門論

論曰：昔如來滅後，長老迦葉、阿難，末田地等，並具足住持八萬法藏，弘道濟人，……是後迦旃延子、達磨多羅、達磨尸利帝等，並博尋異論，各著言説，而皆祖述四含，宗軌三藏。

末田地　Madhyantika

迦旃延子　Kātyāyanīputra

達磨多羅　Dharmottara（録者注：當為 Dharmatrāta 法救？）

達磨尸利帝　Dharma-śreṣṭhin（法勝）

法華經見寶塔品「若持八萬四千法藏、十二部經為人演説」。

雜阿毗曇心論　尊者法救（梵稱達磨多羅）造，劉宋天竺沙門僧伽跋摩等譯。南十一、北十六卷。

阿毗曇心論四卷　尊者法勝造，東晉罽賓沙門瞿曇僧伽提婆等共譯。

法勝阿毗曇心論經六卷　大德優婆扇多釋，高齊烏萇國沙門那連提黎耶舍譯。

阿毗曇八犍度論三十卷苻秦罽賓國沙門瞿曇僧伽提婆共竺佛念譯，即玄奘譯阿毗達磨發智論二十卷。

> 故令三寶載傳，法輪未絶，是以五百年中，猶稱正法在世。

此一處用正法五百年，像法千年，末法萬年之説。諸經互異，大集月藏經、賢劫經、摩耶經：正法五百年，像法千年。

> 直丹之與迦維，雖路絶葱河，……

出三藏記集卷八道朗大涅槃經序「微言興詠於真丹」。真丹：Cinastan（録者注：即Cinasthāna）也。迦維：迦毗羅，佛誕生城。Kapila–vastu　Pāli：Kapila – vatthu

（録者注：「葱河」二字右側有批注：嶺□頭）

> 其後鳩摩羅什……復恨支、竺所譯，文製古質，未盡善美，迺更臨梵本，重為宣譯，故致今古二經，言殊義一。

支謙譯維摩詰所説不思議法門經二卷，竺法護譯正法華經十卷，羅什皆重譯之，最顯於世。支竺之稱殆謂是耶？

靖邁古今譯經圖記云：「法護本姓支，後改姓竺。」

羅什嘗以護譯法華之「天見人，人見天」為過質，又道安以為護「依慧不文，朴則近本」。故支竺二字連文似以指法護立言為當。

又護譯之光讚般若波羅蜜經十五卷（録者注：十卷？）（大品）及□經十卷及維摩經，什公皆重譯。

法護本月支人，事竺高座為師，從師姓為竺，支竺之稱或專指法護而言未可知也。

並皆言符法本，理愜三印。

大智度論二十二：「佛法印有三種：一者一切有為法，念念生滅皆無常。二者一切法無我。三者寂滅涅槃。」

故羅漢雖諸漏已盡，尚貽貫腦之厄，比干雖忠謇竭誠，猶招賜劍之禍，匪其然乎。

迦丁比丘說當來變經：須陀流（原注：晉言善日）得羅漢，為上頭以鐵杵打殺。佛使比丘迦旃延說法没盡偈百二十章：須賴為阿斯所害。

間有竺法度者，自言專執小乘，而與三藏乖越，食用銅鉢，本非律儀所許，伏地相向，又是懺法所無。且法度生本南康，不遊天竺，晚值曇摩耶舍，又非專小之師，直欲谿壑其身，故為矯異。

本書卷九之法度及同卷慧隆傳附之法度，當非此人。本書卷一末曇摩耶舍傳附法度事蹟。

出三藏記集卷五小乘迷學竺法度造異儀記。

費長房歷代三寶記卷第十一：

灰河經一卷

毘跋律一卷　〔齊〕武帝世，揚州釋法度出，見寶唱録。

灰河經一名塵土灰河譬喻經，即雜阿含第四十三卷之末。

隋衆經目録卷五，疑僞：

毘跋律一卷　（原注：南齊永明年沙門法度於揚州譯）

異威儀一卷　（原注：宋元嘉世曇摩耶舍弟子法度造）

開元釋教録卷十八：

二百五十戒經一卷

毘跋律一卷

右按梁僧祐録、隋費長房録、唐道宣録等並云：齊武帝時沙門釋法度出，而不言譯。未詳「出」字其意云何。為是集出、為是偽出？其本復闕，詮定實難。且依法經録中載之偽録。異威儀一卷。（原注：法經録云：宋元嘉世曇摩耶舍弟子法度造。違反正律，誑耀僧尼，揚州于今尚有行者，故指明耳。）

竊惟正法淵廣，數盈八億，傳譯所得，卷止千餘。

安樂集下：「淨度菩薩經云：人生世間，凡經一日一夜，有八億四千萬念。」此即八萬四千之倍數，與此稱八億相似。

贊曰：頻婆揜唱，疊教攸陳，五乘竟轉，八萬彌綸。

宗性寶唱名僧傳鈔卷十八律師門序文「是以長者夢疊，已表當分之相，亦猶春秋分為五，詩分為四之類也。」

南海寄歸内法傳卷一注。出三藏記集第三新集律分五部記録第五及末引因縁經。

出三藏記集：（録者注：卷三新集律分五部記録第五）

「又有因縁經説佛在世時，有一長者夢見一張白氎，忽然自為五段。驚詣佛所，請問其故。佛言：『此乃我滅度後，律藏當分為五部耳。』」

義淨亦僅引此，不知尚有何出處，待考。

（第二册封面）

道濳、支遁。

于法蘭、于法開。

道安。

卷第四　義解一

晉洛陽朱士行

〔士行〕遂以魏甘露五年，發迹雍州，西渡流沙。既至于闐，果得梵書正本，凡九十章。遣弟子弗如檀，此言法饒，送經梵本，還歸洛陽。

出三藏記集五慧叡喻疑：「法華正本，於于闐大國輝光重壤，踴出空中，而得流此。」法華出於于闐，未知何所據而言，俟考。

晉豫章山康僧淵 康法暢 支敏度

康僧淵，本西域人，生於長安。貌雖梵人，語實中國。容止詳正，志業弘深，誦放光、道行二般若，即大小品也。晉成之世，與康法暢、支敏度等俱過江。

據宗性名僧傳鈔，寶唱名僧傳第一外國法師晉豫章山康僧淵八。

〔法〕暢亦有才思，善為往復，著人物始義論等。暢常執麈尾行，每值名賓，輒清談盡日。庾元規謂暢曰：此麈尾何以常在。暢曰：廉者不求，貪者不與，故得常在也。

始義莫非格義之譌否？待考。

法苑珠林卷一百雜集部：「人物始義論。右一卷，至〔東〕晉成帝時沙門釋法暢撰。」

人物論見世説文學篇，北來道人於瓦官寺講小品條注。

本書卷五晉太山竺僧朗傳附支僧敦傳，支僧敦亦著人物始義論。

大唐内典録卷十：「東晉成帝沙門康法暢撰人物始義論一卷。」是以此為一書之名，若是可信，則世説注引之人物論為人物始義論之略稱也。

歷代三寶記卷八東晉録：「人物始義論一卷。右論一卷，成帝世沙門康法暢作。暢常執麈尾行……故得常在。」全録傳文。可知費長房實未見其書，不過據高僧傳之文而録之，後來目録又從而因襲，故人物始義論是否是一書是二書仍屬疑問也。

世説上之上言語篇：「庾法暢造庾太尉，握麈尾至佳。公曰：此至佳，那得在？法暢曰：廉者不求，貪者不與，故得在耳。」

又下之下排調篇：「康僧淵目深而鼻高，王丞相每調之。僧淵曰：鼻者面之山，目者面之淵，山不高則不靈，淵不深則不清。」

上之下文學篇：「康僧淵初過江，未有知者，恒周旋市肆，乞索以自營。忽往殷淵源許。值有賓客，殷使坐，麤與寒温，遂及義理。語言辭旨，曾無愧色。領略麤舉，一往參詣，由是知之。」

敏度亦聰哲有譽，著傳譯經録，今行於世。

出三藏記集卷二：「合維摩詰經五卷，合首楞嚴經八卷。右二部凡十三卷，晉惠帝時沙門支敏度所集。其合首楞嚴傳云亦愍度所集，既闕注目，未詳信否。」足知愍度度江時亦非年少，蓋惠帝末年，光熙元年即三〇六年，距成帝首年，咸和元年即三二六年，已二十一年也。

世説新語假譎篇：「愍度道人始欲過江，與一傖道人為侣，謀曰：用舊義在江東，恐不辦得食。便共立心無義。既而此道人不成渡。愍度果講義積年。後有傖人來，先道人寄語云：為我致意愍度，無義那可立？治此計權救饑耳！無為遂負如來也。」劉注：「舊義者曰：種智有是，而能圓照。然則萬累斯盡，謂之空無。常住不變，謂之妙有。而無義者曰：種智之體，豁如太虛。虛而能知，無而能應，居宗至極，其唯無乎？」

參觀世說言語篇。

淵雖德愈暢、度，而別以清約自處。常乞匃自資，人未之識。後因分衛之次，遇陳郡殷浩。浩始問佛經深遠之理，卻辯俗書性情之義。自晝至曛，浩不能屈。由是改觀。

世說上之下文學篇。

世說文學殷中軍雖思慮通條。

疑亦格義比附之說。（録者注：此條批在「卻辯俗書性情之義」句傍。）

參觀世說排調篇。

瑯琊王茂弘，以鼻高眼深戲之。淵曰：鼻者面之山，眼者面之淵。山不高則不靈，淵不深則不清。時人以為名答。

〔僧淵〕常以持心梵天經空理幽遠，故偏加講說。

出三藏記集五新集安公注經及雜經志録：「密跡金剛經、持心梵天經。右二經護公所出也，多有隱義，為作甄解一卷。」

法護譯持心梵天經，道安作甄解一卷。

出三藏記集二：放光經二十卷，晉元康元年五月十五日出。持心經六卷，舊録云持心梵天經，或云持心梵天所問經，太康七年三月十日出。

晉高邑竺法雅 毘浮 曇相

時依雅門徒，並世典有功，未善佛理。雅乃與康法朗等，以經中事數，擬配外書，為生解之例，謂之格義，及毘浮、曇相等，亦辯格義，以訓門徒。

「生」字疑注字之譌，然諸本皆同，自不能擅改。

出三藏記集第八卷僧叡毘摩羅詰提經義疏序：「自慧風東扇，法言流詠已來，雖曰講肆，格義迂而乖本，六家偏而不即。」

出三藏記集八支敏度合維摩詰經序云：「余是以合兩令相附，以明所出為本，以蘭所出為子，分章斷句，使事類相從。令尋之者，瞻上視下，讀彼案此，足以釋乖迂之勞，易則易知矣。若能參考校異，極數通變，則萬流同歸，百慮一致，庶可以闢大通於未痁，闔同異於均致。若其配不相疇，儻失其類者，俟後明喆君子，刊之從正。」

僧叡所「迂而乖」之迂乖，即敏度所謂「乖迂」。僧叡之「本」字亦非泛指，蓋謂格義中佛經之事數，猶如敏度之合維摩詰經中之支明譯文，合首楞嚴經中支越之譯文，皆所謂本，或曰所對，與其相配之外書或別譯而言。至所謂子者，即為「生解之例」，子自母或本生之意。六朝經解有所謂「子注」者，即由此子而生之注解也。

如歷代三寶記卷五康僧會有法鏡經解子注二卷。三寶記七、内典録三曇詵之維摩詰經子注五卷。歷代三寶記十一有釋法朗注大般涅槃子注經七十二卷，梁武帝摩訶般若波羅蜜子注經五十卷。歷代三寶記十一：齊竟陵王蕭子良遺教子注經一卷。法瑗勝鬘子注經三卷。惠基遺教子注一卷。三寶記卷十五附李廓魏世衆經目録，大乘經子注目録三，一十二部。及惠遠大乘義章卷二四悉檀義四門分別條所引楞伽子注之類。

出三藏記集七支敏度合首楞嚴經記：「求之於義，互相發明，披尋三部，勞而難兼。欲令學者即得其對，今以越（支越）所定者為母，（支法）護所出者為子，（竺叔）蘭所譯者繫之。其所無者輒於其位記而別之，或有文義皆同，或有義同而文有小小增減，不足重書者，亦混以為同，雖無益於大趣，分部章句，差可見耳。」

出三藏記集八道朗大涅槃經序：「聊試標位，叙其宗格，豈謂必然，闕其宏要者哉。」

出三藏記集十慧遠大智論鈔序：「輒依經立本，繫以問論，正其位分，使類各有屬。」此即以經為本，以論為子，正其位分之位，即標位之位也。

出三藏記集十一僧肇中論序（録者注：此處有筆誤，應作百論序）：「致令思尋者躊躇於謬文，標位者乖迕於歸致。」標位之位，即愍度合首楞嚴經序之「其所無者，輒於其位記而别之」之「位」，而道朗之所謂「宗格」亦即「格義」之格也。

出三藏記集十一竺曇無蘭大比丘二百六十戒三部合異序：「予以長鉢後事注於破鉢下，以子從母故也。九十事中，多參錯事不相對，復從就二百六十者，令事類相對……余因閑暇，為之三部合異，粗斷起盡，以二百六十戒為本，二百五十者為子，以前出常行戒全句繫於事末，而亦有永乖不相似者，有以一為二者，有以三為一者，余復分合，令事相從。」後附比丘大戒二百六十事，可取為例，以證明以子從母之例。

出三藏記集七支恭明合微密持經記：「合微密陀隣尼總持三本（原注：上本是陀隣尼，下本是總持，微密持也）。」高麗本此文上「本」下「本」之「本」字皆作「子」字，據此則此二「本」字中其原文必有一為「子」字，即敏度合維摩詰經序所謂「為本」「為子」及「瞻上視下」，即上本下子之意。高麗本二俱作子，而宋元明三本二俱作本，皆不解其義而致誤也。

出三藏記集十曇無蘭三十七品經序：「又諸經三十七品，文辭不同。余因閑戲，尋省諸經，撮採事備辭巧便者，差次條貫伏其位，使經體不毀，而事有異同者得顯於義。又以三三昧連之乎末，以具泥洹四十品。五根中云，四禪、四諦有目無文，故復屬之於後。令始涉者覽之易悟，不亦佳乎。又以諸經之異者，注於句末……序二百六十五字，本二千六百八十五字，子二千九百七十字，凡五千九百二十字，除後六行八十字不在計中。晉泰元二十一年歲在丙申，六月，沙門曇無蘭在揚州謝鎮西寺撰。」

世說文學篇：殷中軍大讀佛經，唯至事數處不解。劉注：事數，謂若五陰、十二入、四諦、十二因緣、五根、五力、七覺之聲。

出三藏記集九四阿含暮抄序（此作者當是道安）：「又有懸數懸事，皆訪其人（譯人），為注其下。」

此即殷中軍讀事數不解之事數，為注其事即為生解之意，特此訪之於譯人，以佛義解佛經。格義之徒，則用外書擬配佛典，為不同耳。

出三藏記集卷八支遁大小品對比要鈔序：「又大品事數甚衆，辭曠浩衍。」

出三藏記集八僧叡大品經序：「其事數之名與舊不同者，皆是法師以義正之者也。如『陰入持』等，名與義乖，故隨義改之。『陰』為『衆』，『入』為『處』，『持』為『性』，『解脱』為『背捨』，『除入』為『勝處』，『意止』為『念處』，『意斷』為『正勤』，『覺意』為『菩提』，『直行』為『聖道』。諸如此比，改之甚衆。」

晉剡東岇山竺道潛　竺法蘊　康法識

竺道潛，字法深，姓王，瑯琊人，晉丞相武昌郡公敦之弟也。年十八出家，事中州劉元真為師。元真早有才解之譽，故孫綽讚曰：

索索虛衿，翳翳閑沖，誰其體之，在我劉公。談能雕飾，照足開曚，懷抱之內，豁爾每融。

劉元真見魏書一百十四釋老志太武滅佛詔。

中論疏記：「只琛法師，是作中論、百論疏，所謂北土三論師是也。」

中論疏云：「次琛法師云本無者，未有色法，先有於無，故從無出有，即無在有先，有在無後，故稱本無。此釋為肇公不真空論之所破，亦經論之所未明也。若無在有前，則非有。本性是無，即前無後有，從有還無。經云：若法前有後無，則諸佛菩薩便有罪過，若前無後有，亦有罪過，故不同此義也。」

中觀論疏：「什師未至長安，本有三家義。」即本無義、即色義，心無義。道安主本無（本）宗，琛法師主本無異宗。又據中論疏記：「高僧傳中沙門道恒執心無義，只是資學法温之義，非自意所立。後支愍度追學前義，故元康師云破支愍度心無義，尋末忘本。」又中論疏：「此四師即晉世所立矣。」故道恒、支愍度皆祖述法溫，揚道安之說，傳正統本無本宗義，即與後來羅什派之正統三論宗之說同也。

境野支那佛教史講話引中論疏記「北土三論師者，琛法師也」與卒於晉孝武寧康二年，即苻秦建元十年之法深無關，蓋彼時三論未譯，故也。此乃深字之誤。法琛之本無異宗之義及法溫心無義始附於此。

至年二十四，講法華、大品，既蘊深解，復能善說。

大品卷三第十一品為本無品，此其所以主張本無義也。

晉永嘉初，避亂過江。

道潛二十四時為永嘉五年，渡江當又在其後。永嘉共有六年，永嘉初應改為永嘉末方合，否則講法華事乃在過江後記者追述之耳。

至哀帝好重佛法，頻遣兩使慇懃徵請，潛以詔旨之重，暫遊宮闕，即於御筵開講大品。

大品即放光。

竺法蘊悟解入玄，尤善放光般若。

放光般若即大品，深公之傳也。

安澄中論疏記引山門玄記第五云：「第一釋僧温著心無二諦論云：有，有形也。無，無像也。有形不可無，無像不可有。而經稱色無者，但内止其心，不空外色。」又中論疏記云：「二諦搜玄論云：晉竺法温為釋法琛之弟子也。」「第三温法師用心無義。心無者，無心於萬物，萬物未嘗無，此釋意云經中説諸法空者，欲令心體虚妄不執，故言無耳。不空外物，即萬物之境不空。肇師評云：此得在神静，而失在物虚。破意云乃知心空而猶存物有，此計有得有失也。」中論疏記云：「今云北土三論師者，琛法師也。」琛與深多相誤，惟北土三論師之法深應作琛。

康法識亦有義學之譽，而以草隸知名。

（本卷）于法開傳：「東山喭云：深量，開思，林談，識記。」深即法深，識殆即法識。

晉剡沃洲山支遁

支遁，字道林，本姓關氏，陳留人，或云河東林慮人。

中論疏云：「第二即色義，但即色有二家：一者關内即色義，明即色是空者，此明色無自性，故言即色是空，不言即色本性空也。此義為肇公所呵。肇公云：此乃悟色而不自色，未領色非色也。次支道林著即色遊玄論，明即色即空，故言即色遊玄論，此猶是不壞假名而説實相也。」案此分别關内即色義與支道林即色義。但惠達、元康之肇論疏皆以此即色義為支道林之説。肇論新疏亦以僧肇所破之即色義即支道林説。今中論疏記引山門玄記云：「如山門玄記第五卷云：第八支道林，著即色遊玄論云，夫色之性，色不自色，不自雖色而空，知不自知，雖知而寂。」此文與僧肇引「色不自色」之文殆相同，故中論疏所分即色義為二説似有可疑。世説文學篇：「支道林造即色論。」劉注云：支道林集妙觀章云：夫色之性也，不自有色，色不自有，雖色而空。故曰色即為空，色復異空。」參考元康肇論疏大正本一七一下。

〔支遁〕隱居餘杭山，沈思道行之品，委曲慧印之經。

後漢支婁迦讖譯道行般若經。

吴支謙譯慧印三昧經。

乃注安般、四禪諸經及即色遊玄論、聖不辯知論、道行旨歸、學道誡等。

惠達肇論吴中集解卷上折幾玄第三：「支道琳法師物有幾玄論云：物有幾玄於未兆。易云：玄幾者，物動之微，吉之先出者也。」

晚出山陰，講維摩經，遁為法師，許詢為都講。遁通一義，衆人咸謂詢無以厝難。詢每設一難，亦謂遁不復能通。如此至竟，兩家不竭。凡在聽者，咸謂審得遁旨。迴令自説，得兩三反便亂。

世説文學篇：桓南郡與殷荊州共談，每相共難。年餘後，但一兩審。桓自歎才思轉退。殷云：此乃是君轉解。

太原王濛，宿構精理，撰其才辭，往詣遁，作數百語，自謂遁莫能抗。遁徐曰：貧道與君别來多年，君語了不長進。濛慙而退焉，乃歎曰：實紆鉢之王何也。

本書二佛陀跋陀羅傳。

郄超問謝安：林公談何如嵇中散？安曰：嵇努力裁得去耳。又問：何如殷浩？安曰：亹亹論辯，恐殷制支。超拔直上，淵源實有慙德。

參觀世說新書品藻、賞譽篇。（録者注：此條在品藻篇。）

孫綽道賢論以遁方向子期。論云：「支遁向秀，雅尚莊老。二子異時，風好玄同矣。」又喻道論云：「支道林者，識清體順，而不對於物。玄道沖濟，與神情同任。此遠流之所以歸宗，悠悠者所以未悟也。」後高士戴逵，行經遁墓，乃歎曰：「德音未遠，而拱木已繁，冀神理緜緜，不與氣運俱盡耳！」

參觀世說新書。

晉剡山于法蘭

〔于法蘭〕居剡少時，愴然歎曰：「大法雖興，經道多闕，若一聞圓教，夕死可也。」乃遠適西域，欲求異聞。至交州遇疾，終於象林。

見本卷法邃傳。此由海道至天竺者。（録者注：此法邃即指于道邃。）

晉剡白山于法開 于法威

〔于法開〕每與支道林爭即色空義。廬江何默申明開難，高平郗超宣述林解，並傳於世。

曇濟六家七宗論：「于道開為識含宗第五。」安澄中論疏記引于道開惑識二諦論：「三界為長夜之宅，心識為大夢之主。若覺三界本空，惑識斯盡，位登十地。其謂以惑所覩為俗，覺時都空為真。」

開嘗使〔法〕威出都，經過山陰，支遁正講小品。開語威言：道林講，比汝至，當至某品中。示語攻難數十番。云，此中舊難通。威既至郡，正值遁講，果如開言。往復多番，遁遂屈，因厲聲曰：君何足復受人寄載來耶？

參考世說新語文學篇。彼無弟子名。

故東山喭云：「深量，開思，林談，識記。」

竺法深（道潛），于道開，支道林（支遁），康法識。

晉燉煌于道邃

于道邃，燉煌人。少而失蔭，叔親養之。邃孝敬竭誠，若奉其母。至年十六出家，事蘭公為弟子。後與蘭公俱過江。

曇濟七宗論：道邃為緣會宗第七。安澄書引其緣會二諦論云：「緣會故有，是俗。推折（故）無，是真。譬如土木為舍，舍無前體，有名無實。故佛告羅陀：壞滅色相，無所見。」

孫綽以邃比阮咸，或曰：「咸有累騎之譏，邃有清冷之譽，何得為匹？」孫綽曰：「雖迹有窪隆，高風一也。」

元康肇論疏謂于道邃作緣會二諦論。

卷第五　義解二

晉長安五級寺釋道安

〔佛圖〕澄講，安每覆述。衆未之愜，咸言：「須待後次，當難殺崑崙子。」即安後更覆講，疑難鋒起。安挫鋭解紛，行有餘力。時人語曰：「漆道人，驚四鄰。」

道安皮膚必黑，故有崑崙子、漆道人之稱也。

中論疏下：「晉道安明本無義，謂無在萬化之前，空為衆形之始。夫人之所滯，滯在未有。若託心本無，則異想便息。叡法師云：格義于而乖本，六家偏而未即。師云：安和上對立荒途以開轍，標玄旨於性空。以爐冶之功驗之，唯性空之宗最得其實。詳此意安公明本無者，一切諸法本性無寂，故云本無，此與方等經論、什、肇、山門義無異也。」

頃之，與同學竺法汰俱憩飛龍山。沙門僧先道護已在彼山，相見欣然。

本書卷五僧光傳云：「值石氏之亂，隱於飛龍山。道安後復從之，相會欣喜。」又云：「沙門道護，亦隱飛龍山，與安等相遇。」可知此傳僧先即僧光，實一人也。麗本作僧先。此本後作光，而此作先，不一致，當改歸一致。

> 安以石氏之末，國運衰危，乃西適牽口山。迄冉閔之亂，人情蕭索。安乃謂其衆曰：「今天災旱蝗，寇賊縱横，聚則不立，散則不可。」遂復率衆入王屋女林山。頃之，復渡河依陸渾，山棲木食修學。俄而慕容俊逼陸渾，遂南投襄陽。

參觀世說雅量篇郗嘉賓欽崇釋道安條注引安和上傳。

> 行至新野，謂徒衆曰：「今遭凶年，不依國主，則法事難立。又教化之禮，宜令廣布。」咸曰：「隨法師教。」乃令法汰詣揚州，曰：「彼多君子，好尚風流。」法和入蜀，山水可以修閑。

世說賞譽篇初法汰北來未知名條注引車頻秦書與此略同。

晉書卷八穆帝本紀：「永和八年四月，冉閔為慕容儁所滅。」即西曆三五二年。

資治通鑑九十九：「晉穆帝永和十年三月，燕王儁以慕容評為鎮南將軍，都督秦、雍、益、梁、江、揚、荊、徐、兗、豫十州諸軍事，權鎮洛水；以慕容强為前鋒都督，督荊、徐二州緣淮諸軍事，進據河南。（胡注：此河南謂大河之南。）」

此年為西曆三五四年。通鑑：「〔是年〕九月，桓温還自伐秦，帝遣侍中、黃門勞温。」蓋通鑑：「〔永和十年〕二月乙丑，桓温統步騎四萬發江陵，水軍自襄陽入均口，至南鄉；步兵自淅川趣武關；命司馬勳出子午道以伐秦。」

　　初，經出已久，而舊譯時謬，致使深義隱没未通，每至講説，唯叙大意，轉讀而已。安窮覽經典，鉤深致遠，其所注般若、道行、密迹、安般諸經，並尋文比句，為起盡之義。及析疑、甄解，凡二十二卷。序致淵富，妙盡深旨，條貫既序，文理會通。經義克明，自安始也。

此科判學即以儒家□經體解佛典，為此土經疏學之始。見天台法華文句及荆谿義記卷一之首圭峰圓覺大疏卷三釋本文條。

智顗仁王護國般若經疏一：「道安別置序正流通，劉虬但隨文解釋。」

元康肇論疏：安法師作性空論。

僧叡毘摩羅詰提經義疏：所謂性空之宗，以今驗之，最得其實。

湛然法華文句記第一上：「古來講者多無分節。至安公來，經無大小，始分三段，謂序、正、流通。」

宗密圓覺大疏三：「以三分之興，彌天高判，冥符西域，今古同遵。所以三者，聖人設教，必有其漸。將示微言，先叙由致，故而有序分。由致既彰，當根受法，故次演正宗。正宗既陳，務於展轉利濟，非但益於當會，復令末世流傳，永耀法燈，明明無盡，故結以流通。今初序分中，諸經多有二序，一證信序，如是之法，我自佛聞，標記說時，說處分，明大衆同聞非謬，以為證據，令物信受。經無豐約，非信不諧，由是經初必須證信。故智度論云：說時方人，令生信故。二發起序，發明生起，正宗之法，如淨名、寶蓋、法華、毫光之類。然證信亦云通序，諸經皆同，故亦云經後序。佛說法時未有，故發起亦云別序，諸經各別，故亦云經前序，佛先此發起，方說正宗故。」

自漢魏迄晉，經來稍多，而傳經之人名字弗說。後人追尋，莫測年代。安乃總集名目，表其時人，詮品新舊，撰為經錄。衆經有據，實由其功。

目錄及史傳學之始。

據出三藏記集(卷五)：「自孝靈光和已來，迄今晉寧康二年(三七四)，近二百載。」

一、安錄；二、失譯錄；三、涼土異經錄；四、關中異經錄；五、古異錄，「或無別名題，取經語以為目，或撮略四含，摘一事而立卷」；六、疑經；七、注經及雜經志錄。

時苻堅素聞安名，每云：「襄陽有釋道安，足神器，方欲致之，以輔朕躬。」後遣苻丕南攻襄陽。安與朱序俱獲於堅。

晉書卷九孝武帝本紀：「太元四年二月戊午，苻堅使其子丕攻陷襄陽，執南中郎將朱序。」秦建元十五年，西曆三七九年。

初，魏晉沙門依師為姓，故姓各不同。安以為大師之本，莫尊釋迦，乃以釋命氏。後獲增一阿含，果稱四河入海，無復河名，四姓為沙門，皆稱釋種。既懸與經符，遂為永式。

長阿含卷六第二分第一初小緣，四姓經云：今我弟子，種姓不同，所出各異，於我法中出家修道，若有人問汝：誰種姓？當答：彼言我是沙門，釋種子也。（中阿一五四婆羅婆堂，又施護譯佛説白衣金幢二婆羅門緣起。）（此增一阿含弟子品解。）

分別功德論卷五：「所以稱釋王比丘，豪族富貴，天姓柔和者，凡姓有四：刹帝利、婆羅門、長者、居士也。所以言貴者，以作沙門，同一釋姓，是以稱貴耳。喻如四恒水，牛口、師子口，馬口，象口，各有五百支，合入大海，共為一水，無若干味，故海得稱大，致貴於百川也。釋姓亦如是，故稱為豪貴第一也。」

案此論此節乃釋增一阿含弟子品釋王比丘之文，彼經正文僅云：「我聲聞中第一比丘，豪族富貴，天性柔和，所謂釋王比丘是。」則此傳所述，自指此論而言，故「增一阿含」下宜增補注解之語，方得其實。

又分別功德論舊題「失譯人名附後漢録」據本傳「後獲」之語觀之，并證以論中譯語文體，似為安公或下距安公時不遠之作。姑識於此，俟考。

安每與弟子法遇等，於彌勒前立誓，願生兜率。

出三藏記集卷十道安道地經序：「先哲既逝，來聖未至，進退狼跋，咨嗟涕洟。故作章句，伸己丹赤，冀諸神通，照我顒顒，必枉靈趾，燭謬正闕也。」出三藏記集八僧叡毘摩羅詰提經義疏序云：「先匠所以輟序遐慨，思決言於彌勒者，良在此也。」

至其年二月八日，忽告衆曰：吾當去矣。是日齋畢，無疾而卒，葬城内五級寺中。是歲晉太元十年也(年七十二)。

晉孝武太元十年。

法苑珠林卷十六引梁高僧傳道安傳，有「年七十二」，可知舊本固從名僧傳誤計之年也。

出三藏記集載道安四阿鋡暮抄序云：「余以壬午之歲八月，東省先師寺廟鄴寺，令鳩摩羅佛提執梵本，佛念、佛護為譯，僧導、曇究、僧叡筆受。至冬十一月乃訖……恨八九之年方窺其牖耳。」案壬午為苻秦建元十八年，東晉孝武帝太元七年，是年為道安八九之年，即七十二歲。太元十年道安年七十五歲。出三藏記集卷十五安傳云：「以僞建元二十一年二月八日，齋畢無疾而卒。」按秦之建元二十一年即晉之太元十年。寶唱名僧傳卷五安傳亦記安卒於建元二十一年二月八日，惟多「春秋七十二」之語，不符事實。僧祐删去之甚當。高僧傳高麗本有「年七十二」四字，而宋元明及日本宮内本無之。境野黄洋支那佛教講話上卷四三〇頁誤推壬午年為建元十九年，故定安卒時七十四，實少一年矣。

安生晉懷帝永嘉四年(三一〇年)。

孫綽為名德沙門論，自云：釋道安博物多才，通經名理。

據出三藏記集十五應作名德沙門論目，此誤。

有別記云：河北別有竺道安，與釋道安齊名。謂習鑿齒致書於竺道安。道安本隨師姓竺，後改為釋。世見其二姓，因謂為二人，謬矣。

竺道安。

晉蒲坂釋法和

釋法和，滎陽人也。少與安公同學。

道安師事佛圖澄，法和與安同學，則可稱帛。

晉太山竺僧朗 支僧敦

復有支僧敦者，本冀州人，少遊汧隴，長歷荆雍。妙通大乘，兼善數論。著人物始義論，亦行於世。

康法暢亦著人物始義論。

晉京師瓦官寺竺法汰 曇壹 曇貳

〔法汰〕乃與弟子曇壹、曇貳等四十餘人，沿江東下。遇疾，停陽口。

水經注二十八沔水篇：沔水又東南與揚口合。水上承江陵縣赤湖（中略）揚水又北注於沔，謂之揚口，中夏口也。

時沙門道恒，頗有才力，常執心無義，大行荆土。汰曰：「此是邪説，應須破之。」乃大集名僧，令弟子曇壹難之。據經引理，析駮紛紜。恒拔其口辯，不肯受屈。日色既暮，明旦更集。慧遠就席，攻難數番。關責鋒起，恒自覺義途差異，神色微動，麈尾扣案，未即有答。遠曰：「不疾而速，杼柚何為。」坐者皆笑。心無之義，於此而息。

此道恒與本書卷七長安之道恒異，又是一人。

參考元康肇論疏大正本一七一中。

據元康肇論疏作「杖」。（録者注：此指「恒拔其口辯」句中「拔」字。）

出三藏記集卷十二陸澄法論目録第一帙有：心無義。（原注：桓敬道。王稚遠難，恒答。）　釋心無義。（原注：劉遺民。）

晉書九十九桓玄傳：「温甚愛異之，臨終命以為嗣，襲爵南郡公，年七歲。」

案桓温卒於晉孝武寧康元年七月，又玄之生當在帝奕太和二年（晉書九孝武帝紀），即西曆三六七年，上距道恒辯論之歲（永和十年或稍後）已十二三年。而後來玄與王謐仍辯此義，則是玄必傳受有所從來，而「心無之義，於此而息」之語，並非事（録者注：此處似漏一實字。）可知矣。

元康肇論疏：竺法汰作本無義。

安澄中論疏記：「高僧〔傳〕中沙門道恒執心無義，只是資學法温之義，非自意之所立。後支敏度追學前義。故元康師云：破支敏度心無義，尋末忘本。」

安澄中論疏記引：「山門玄義第五云：第一釋僧温，著心無二諦論云：有，有形也，無，無像也。有形不可無，無像不可有。而經稱色無者，但內止其心，不空外色。此壹公破，反明色有，故為俗諦，心無故為真諦也。不真空論云：心無者，無心於萬物，萬物未嘗無。述義云：頗竺法温心無義。二諦搜玄論云：晉竺法温，為釋法琛法師之弟子也。其製心無論云：夫有，有形者也。無，無像者也。然則有象不可謂無，無形不可謂無（疑作有）。是故有為實有，色為真色。經所謂色為空者，但內止其心，不滯外色。外色不存，餘情之內，非無如何？豈謂廓然無形，而為無色乎？高僧中沙門道恒執心無義，只是資學法温之義，非自意所立。後支敏度追學前義。故元康師云：破支敏度心無義，尋末忘本。」

案晉書卷八穆帝紀：「永和元年八月庚辰，以輔國將軍徐州刺史桓温為安西將軍、持節都督荆、司、雍、益、梁、寧六州軍事，領護南蠻校尉、荆州刺史。」又晉書九十八桓温傳：「累遷徐州刺史。〔庾〕翼卒，以温為都督荆、梁四州諸軍事、安西將軍、荆州刺史、領護南蠻校尉、假節。」今檢道安傳：「俄而慕容俊逼陸渾，遂南投襄陽，行至新野云云。」據晉書穆帝紀：「永和八年，冉閔為慕容儁所滅。」晉書一百十慕容儁載記：「以慕容評都督秦、雍、益、梁、江、揚、荆、徐、兗、豫十州河南諸軍事，權鎮于洛水。慕容彊為前鋒都督，都督荆、徐二州緣淮諸軍事，進據河南。」此役即道安傳所謂進逼陸渾。晉書卷十四：「司州河南郡有陸渾縣。」故在十年三月後。

晉書七成帝紀：咸康五年秋七月庚申，使持節、侍中、丞相、領揚州刺史、始興公王導薨。六年正月庚子，使持節、都督江、豫、益、梁、雍、交、廣七州諸軍事、司空、都亭侯庾亮薨。咸康五年為西曆三三九年。

殷浩卒於永和十二年，為西曆三五六年。

王導卒於咸康五年七月，次年正月庾亮亦卒。是道恒講心無之歲。而晉成在位為三二六□至三四二。穆帝永和十年為三五四，相隔有十二年。至□□年支敏度渡江，當與法蘊同時，文中所謂「後追學」之語，自是不確也。

又法蘊之師法深卒於孝武寧康二年即三七四年，時代更後矣。據通鑑，慕容儁逼陸渾事在永和十年，即距支敏度過江（$\frac{354}{339}|15$）十有五年。

中論疏記（大正本六十五卷九十三頁下）：深法師者，晉剡東仰山竺潛，字法深。有本作琛字，或本作探字。今作深字是，餘皆非也。

中論述記（録者注：即中論疏記。下同。）卷三末（大正本九三中）云：「此下第二列本無異宗。初舉外宗，後破所迷。言外宗者，二諦搜玄論十三宗中本無異宗，其製論云：夫無者，何也？壑然無形，而萬物由之而生者也。有雖可生，而無能生萬物，故佛答梵志：四大從空生也。山門玄義第五卷二諦章下云：復有竺法深，即云諸法本無，豁然無形，爲第一義諦。所生萬物，名爲世諦。故佛答梵志：四大從空而生，准之可悉。」據此可知法深爲本無異宗，而其弟子法蘊爲心無宗，師弟二人宗旨不同也。

中論述記卷三末（大正□□本九十三頁上）：「梁釋寶唱作續法（輪）論云：宋釋曇濟作六家七宗論，論有六家，分成七宗。一本無宗，二本無異宗，三即色宗，四心無宗，五識含宗，六幻化宗，七緣會宗。今此言六家者，於七宗中除本無異宗也。有人傳云：此言不明，今應云於七宗中除本無宗，名爲六家。一深（琛）法師本無，二關內即色，餘皆同前也。」

案此即釋僧叡毘摩羅詰經義疏序中「格義迂而乖本，六家論而不即」之語。

據□□般若第五卷有本無品十四。又放光般若卷二有本無品十一。法深主張本無義者，夙善大品。

汰所著義疏，並與郄超書論本無義，皆行於世。

見肇論不真空論。

僧肇不真空論：本無者，情尚於無多，觸言以（而）賓無。故非有，有即無。非無，無亦（即）無。元康云：破晉朝竺法汰本無義也。

出三藏記集十二陸澄法論目録第一帙載：本無難問。（原注：郗嘉賓。竺法汰難，並郗答，往反四首。）

晉飛龍山釋僧光

道安後復從之，相會欣然，謂昔誓始從。因共披文屬思，新悟尤多。安曰：先舊格義，於理多違。

可知格義興於法雅、法朗等，而雅等又道安之先輩也。

晉吴虎丘東山寺竺道壹

〔道壹〕晉太和中出都，止瓦官寺，從汰公受學。數年之中，思徹淵深，講傾都邑。汰有弟子曇壹，亦雅有風操。時人呼曇壹為大壹，道壹為小壹。名德相繼，為時論所宗。

曇濟七宗論：道壹為幻化宗第六。

安澄書引其神二諦論云：「一切諸法，皆同幻化，同幻化故名為世諦。心神猶真不空，是第一義。若神復空，教何所施，誰修道隔凡成聖，故知神不空。」

孫綽為之讚曰：馳辭說言，因緣不虛，惟茲壹公，綽然有餘。譬若春圃，載芬載譽。條被猗蔚，枝榦森疏。

參觀世說言語篇。

卷第六　義解三

晉盧山釋慧遠

元康肇論疏：遠法師作法性論。（録者注：此條似可移至傳文「（遠）因著法性論曰」處。）

年二十四，便就講說。嘗有客聽講，難實相義。往復移時，彌增疑昧。遠乃引莊子義為連類，於惑者曉然。是後安公特聽慧遠不廢俗書。

慧遠以莊子助答客難實相義，此用外典以譬佛理，殆亦「格義」之類也。

偽秦建元九年，秦將苻丕寇并襄陽。道安為朱序所拘，不能得去。乃分張徒衆，各隨所之。

東晉孝武帝寧康元年，西曆三七三年。

按晉書孝武帝紀，襄陽之陷在太元四年，即建元十五年。朱序傳：「寧康初，序鎮襄陽，是歲苻丕來攻，引退。李伯護密與賊相應，襄陽遂陷沒」云云。觀序傳文意，似亦謂襄陽陷於建元九年，與此傳文意同。或苻丕於建元九年攻而未陷，十五年乃陷之，朱序傳遂終言之。若此傳與法汰傳合觀，則汰之南奔，乃避慕容儁之難，不可與苻丕之役合為一事也。

　　後桓玄征殷仲堪，軍經廬山，要遠出虎溪。遠稱疾不堪，玄自入山。左右謂玄曰：「昔殷仲堪入山禮遠，願公勿敬之。」玄答：「何有此理。仲堪本死人耳。」及至見遠，不覺致敬。玄問：「不敢毀傷，何以翦削。」遠答云：「立身行道。」玄稱善。所懷問難，不敢復言。乃説征討之意，遠不答。玄又問：「何以見願。」遠云：「願檀越安隱，使彼亦復無他。」

彼指殷仲堪。

　　四曰體極不兼應。謂如來之與周孔，發致雖殊，潛相影響，出處成異，終期必同。故雖曰道殊，所歸一也。不兼應者，物不能兼愛也。

弘明集作「堯孔」，「成」作「誠」。

晉吳臺寺釋道祖

道流撰諸經目，未就。〔道〕祖為成之，今行於世。

道祖經録。

晉長安大寺釋僧䂮

自童壽入關，遠僧復集。僧尼既多，或有愆漏。〔姚〕興曰：「凡夫學僧，未階苦忍，安得無過。過而將極，過遂多矣。宜立僧主，以清大望。」因下書曰：「大法東遷，於今為盛。僧尼已多，應須綱領，宣授遠規，以濟穎緒。僧䂮法師學優早年，德芳暮齒，可為國內僧主。僧遷法師禪慧兼修，即為悅衆。法欽、慧斌，共掌僧録。」給車輿吏力。䂮資侍中秩，傳詔羊車各二人。遷等並有厚給。供事純儉，允愜時望。五衆肅清，六時無怠。至弘始七年，勑加親信仗身白從各三十人。僧正之興，䂮之始也。

什公以弘始三年末入長安。僧䂮之為僧正，必在弘始四年之後。據魏書釋老志，皇始中法果已為沙門統。皇始共三年，其三年即秦姚興皇初五年，亦即弘始元年之前一年。可知僧官之設，必尚先於此時。蓋沙門統或僧正名稱雖殊，其為掌治僧徒之官則一也。

晉長安釋曇影

釋曇影，或云北人，不知何許郡縣。

魏書九一術藝傳殷紹上四序堪輿表中云：「陽翟九崖巖沙門釋曇影。」殆即此公。

〔曇影〕後入關中，姚興大加禮接。及什至長安，影往從之。

出三藏記集十一無名氏菩薩波羅提木叉後記云：唯菩薩十戒四十八輕，最後誦出。時融、影三百人等一時受行，修菩薩道。

卷第七　義解四

晉長安釋僧肇

肇後又著不真空論、物不遷論等，并注維摩及製諸經論序，並傳於世。

中論疏云：「什公未至，長安本有三家義。」

宋京師龍光寺竺道生

竺道生，本姓魏，鉅鹿人。寓居彭城，家世仕族。父為廣戚令，鄉里稱為善人。

名僧傳卷十中國法師六，宋尋陽廬山西寺道生十。

法苑珠林二十四引此傳首云：「宋長安龍光寺有竺道生」云云。此道世誤以宋之京師為唐之長安，可笑！

宋書天竺傳作「廣武」，南史作「廣戚」。

生既潛思日久，徹悟言外，迺喟然歎曰：夫象以盡意，得意則象忘；言以詮理，入理則言息。自經典東流，譯人重阻，多守滯文，鮮見圓義。若忘筌取魚，始可與言道矣。於是校閱真俗，研思因果，迺言「善不受報」，「頓悟成佛」。又著「二諦論」、「佛性當有論」、「法身無色論」、「佛無淨土論」、「應有緣論」等。籠罩舊説，妙有淵旨。而守文之徒，多生嫌嫉。與奪之聲，紛然競起。又六卷泥洹先至京都，生剖析經理，洞入幽微，乃説一闡提人皆得成佛。於是大本未傳，孤明先發，獨見忤衆。於是舊學以為邪説，譏憤滋甚，遂顯大衆，擯而遣之。

日本宗性名僧傳鈔附説處第十有「廬山西寺竺道生事」，「道生曰：稟氣二儀者，皆是涅槃正因。

闡提是舍(含)生，何無佛性事」，「二乘智慧德相觀空菩薩別相觀空事」，「因善伏惡得名人天業其實非善，是受報也事」，「畜生等有富樂，人生果報有貧苦事」，「一闡提不具信根，雖斷善，猶有佛性事」。參觀弘明集五慧遠明報應論及三報論。

華嚴懸談卷十四云：是知闡提不作佛者，以作佛非闡提，故乃抑揚當時耳。是知下結示正義，謂闡提實不作佛。今言闡提作佛者，以發心之後，方能作佛，從其未發心前名闡提耳。故云：以作佛，非闡提。故亦如女身不得成佛。今言龍女能作佛者，當作佛時，忽然之間變成男子，豈是女身耶？闡提成佛，亦復如是。抑揚當時者，言闡提無者，抑挫令發心。未作闡提，令其莫作。若言闡提有者，顯揚理性，令不自欺。若已作闡提，令速回心。若速發心，得佛無異。是故言有未必總有果行，言無未必總無理等。故生公云：抑揚當時，誘物之妙，豈可守文哉！以釋法顯翻六卷泥洹經云，除一闡提，皆有佛性。生公云：夫禀質二儀，皆是涅槃正因，闡提含生之類，何獨無佛性？蓋此經來未盡耳。由唱此言，被擯武丘。後大經既至，聖行以下，果云一闡提人雖彼斷善，猶有佛性。於是諸公輕舟迎接，請唱斯經。每至闡提有佛性之文，諸德莫不扼腕。

略三論遊意義：用小頓悟家，有六師也：一、肇師；二、支道林師；三、真安埵師；四、邪通師；五、謂(匡)山遠師；六、道安師也。此師等云：七地以上，悟無生忍也。合(？)年天子竺道師用頓悟義。小緣天子金剛以還，皆是大夢。金剛以後，乃是大覺也。

大乘七地，達八地、十住，不退住。

據日本□宗法師一乘佛性慧日鈔所引名僧傳二十六法顯傳及第十道生傳，乃知法顯始立一分無佛性論者，有道生乃反駁其說，著佛性當有論。此傳中舊學乃指法顯之徒耳。傳文與高僧傳頗有同異，應互較其參差[及]詳略之處也。

可與讖譯大涅槃二十二光明遍照高貴德王菩薩品第十之二佛性不斷義即佛性超越一切義參證。

法顯本泥洹經卷四分别邪正品第十云：如來藏經言，一切衆生，皆有佛性，在於身中。無量煩惱，悉除滅已。佛更明顯，除一闡提。

法師講此經也。

出三藏記集十二法論第十一帙：「述竺道生善不受報義。（原注：釋僧璩。釋鏡難，璩答。）」

碩法師三論遊意末云：宋元嘉七年，涅槃至揚州，爾時里？（悝，殆高悝之略名）山慧觀師令唤生法師講此經也。

出三藏記集十二陸澄法論第二帙（覺性集七卷）：涅槃三十六問（門）（竺道生）。釋八住初心欲取泥洹義（竺道生）。辯佛性義（竺道生。王問，并竺答）。

法論第七帙（戒藏集八卷）：與道生慧觀二法師書（范伯倫）。

法論第九帙（慧藏集七卷）：問竺道生諸道人佛義（范伯倫）。衆僧述范問。范重問道生往反三首。辯宗論(謝靈運)。法勗問往反六首。僧維問往反六首。慧驎述僧維問往反六首。驎雜(新)問往反六首。竺法綱(經)釋慧林問往反十一首。王休元問往反十四首。竺道生答王問一首。漸悟論(釋慧觀)。沙門竺道生執頓悟。謝康樂靈運辯宗述頓悟。沙門釋慧觀執漸悟。明漸論(釋曇無成)。

法論第十一帙(業報集六卷):述竺道生善不受報義(釋僧璩。釋鏡難,璩答)。

惠達肇論吴中集解卷上折詰漸第六(日本續藏第二編乙二十三套第四册四百廿五頁乙上)。又卷上演弁差第五(續藏四百廿四乙下)。

惠達肇論疏上涅槃無名論折詰漸第六引竺道生法師大頓悟云:「夫稱頓者,明理不可分,悟語照極,以不二之悟,符不分之理,理智思釋,謂之頓悟。」「什師注云:樹王成道,小乘以卅四心成道。大乘中唯一念,確然大悟,具一切智也。」

宋智圓涅槃玄義發源機要卷一:「以六卷泥洹先至京都,生剖析經理,洞入幽微,乃説闡提皆得成佛。遂撰十四科,其第十衆生皆有佛性義云,經言一闡提無者,欲擊(激)勵惡行之人,非實無也。以其見惡,明無無惡,必有抑揚當時,誘物之妙,豈可守文哉!」

頓悟義參考碩法師三論遊意義(大正本一一二二下)。

後涅槃大本至於南京，果稱闡提悉有佛性。與前所説，合若符契。

出三藏記集九劉虬無量義經序云：尋得旨之匠，起自支、安。支公之論無生，以七住為道慧。陰足十住，則群方與能。在迹斯異，語照則一。安公之辯異觀，三乘者始簣之因稱，定慧者終成之實録。此謂始求可隨根而三，入解則其慧不二。生公云：「道品可以泥洹，非羅漢之名；六度可以至佛，非樹王之謂。」斬木之喻，木存故尺寸可漸，無生之證，生盡故其照必頓。

出三藏記九及明本此經皆有言曇摩伽陀耶舍譯。

於是京邑諸僧内慙自疚，追而信服。其神鑒之至，徵瑞如此。仍葬廬山之阜。

陳舜俞廬山記卷一叙山北第二：「(隆教)寺前過通隱橋一里，至林口市，昔竺道生葬焉。」又卷三，十八賢傳東林普濟大師竺道生傳：「元宗詔建堂造塔，追謚普濟大師法施之塔。」叙山北篇：神運殿之後，有白蓮池。昔謝靈運恃才傲物，少所推重，一見遠公，肅然心服。乃即寺翻涅槃經。因鑿池為臺，植白蓮池中，名其臺為翻經臺。今白蓮亭即其故地。

廬山記傳一叙山北第二：「昔傳寺有遠公袈裟、竺道生麈尾扇、梁武鉢囊。遠公袈裟即顔公所禮，僧伽衣今已腐朽，而有佛馱耶舍二尊者革舄、謝靈運翻經貝多葉五六片，餘皆亡矣。」

廬山記五古碑目第七(録者注：當為卷五古人題名篇第八)：「唐永泰丙午歲，真卿以罪佐吉州。

夏六月壬戌，次於東林寺。仰廬阜之爐峰，想遠公之遺烈。升神運殿，禮僧伽衣，覩生法師麈尾扇，謝靈運翻涅槃經貝多梵夾。」

元康肇論疏上（大正本一六二頁下）：謝靈運文章秀發，超邁古今。如涅槃元來質樸，本言手把脚蹈，得到彼岸。謝公改云：運手動足，截流而度。

宋智圓涅槃玄義發源機要卷四：「今撫州城東南四里有翻經臺唐顏魯碑云：宋康樂侯謝公元嘉年初於此譯涅槃經。問：謝公但修定舊本，安稱翻譯？答：翻經之所，有譯語者、筆受者、綴文者、證義者、潤色者，而通稱譯人。謝公治定，乃是證義、潤色之職也，故稱靈運翻譯焉。」按廬山有貝葉梵本，是明指謝公翻譯。此孤山曲解，不足取。

初，僧肇始注維摩，世咸玩味。生乃更發深旨，顯暢新典，及諸經義疏，世皆寶焉。

出三藏記集十二法論目録第二帙有竺道生：一、涅槃三十六問；二、釋八住初心欲取泥洹義；三、辯佛性義，竺道生，王問，并竺答（王殆王稚遠謐也）。第九帙：問竺道生諸道人佛義，范伯倫；衆僧述范問；范重問道生往反三首。

出三藏記集十五道生傳云：初，沙門法顯於師子國得彌沙塞律胡本，未及譯出而亡。生以宋景平元年十一月於龍光寺，請罽賓律師佛大什執胡文，于闐沙門智勝為譯。此律照明，蓋生之功也。

王微以生比郭林宗，乃為之立傳，旌其遺德。時人以生推闡提得佛，此語有據。頓悟不受報等，時亦憲章。

檢嚴可均全宋文王微著述内未收道生傳，想已久佚矣。

宋太祖嘗述生頓悟義，沙門僧弼等皆設巨難，帝曰：若使逝者可興，豈為諸君所屈！

佛道論衡卷一作僧衛。又本書卷五曇翼傳附有僧衛之名，與殷仲堪同時，恐非。

劉義（録者注：即劉義隆。）謚為太祖文皇帝，其父劉裕謚為高祖武皇帝。蔣維喬中國佛教史卷一第六十頁云：「高僧傳以此問答在太祖武帝時。自年代考之，道生示寂於元嘉十一年。太祖時道生尚存，太祖或係文帝之誤云。蓋誤以武帝為太祖。高僧傳本不誤，實蔣氏之誤也。」

弘明集十二范泰與生、觀二法師書：「提婆始來，義（慧義）、觀（慧觀）之徒莫不沐浴仰鑽，此蓋小乘法耳。便謂理之所極，謂無生、方等之説皆是魔書。法顯後至，泥洹始唱。便謂常住之言，衆理之最，般若宗極，皆出其下。以此推之，便是無主於内，有聞輒變，譬之於射，後破奪先。」提婆即僧伽提婆，見本書卷一。

范泰論沙門踞食表一云：「慧嚴、道生，本自不企。慧觀似悔始位。」二云：「不知慧嚴云何，道生便是懸同。慧觀似不肯悔其初位也。」據此可知道生亦不主張踞食。出三藏記集十二載，宋明帝勑中書侍郎陸澄撰法論目録，第九帙有辯宗論（謝靈運），漸悟論（釋慧觀），沙門竺道生執頓悟，謝康樂靈運辯宗述頓悟，沙門釋慧觀執漸悟，明漸論（釋曇無成）。

宋京師烏衣寺釋慧叡

陳郡謝靈運篤好佛理，殊俗之音，多所達解。迺諮叡以經中諸字，并衆音異旨。於是著十四音訓叙，條例梵漢，昭然可了，使文字有據焉。

疑是康樂因涅槃經言梵文字母而問此也。

宋京師東安寺釋慧嚴

〔慧〕嚴云：「天竺夏至之日，方中無影，所謂天中。於五行土德，色尚黄，數尚五。八寸為一尺。十兩當此土十二兩。建辰之月為歲首。」

佛以毗舍佉月誕生，中國傳為二月。故六朝人以為建巳之月，遂譯四月八日矣。

大涅槃經初至宋土，文言致善，而品數疏簡，初學難以厝懷。嚴迺共慧觀、謝靈運等，依泥洹本，加之品目。文有過質，頗亦治改。始有數本流行。

出三藏記集卷五載慧叡喻疑云：此大般泥洹經既出之後，而有嫌其文不便者，而更便改之，人情小惑。有慧祐道人，私以正本，雇人寫之，容書之家忽然火起，三十餘家，一時蕩然。忽見所寫經本在火不燒，餘皆為灰燼。

宋京師道場寺釋慧觀

〔慧觀〕聞什公入關，乃自南徂北，訪覈異同，詳辯新舊。風神秀雅，思入玄微。時人稱之曰：通情則生、融上首，精難則觀、肇第一。

羅什高弟。

〔慧觀〕著辯宗論、論頓悟漸悟義，及十喻序、讚諸經序等，皆傳於世。

參考出三藏記十二陸澄法論目録，第九帙載：漸悟論（釋慧觀），沙門竺道生執頓悟，謝靈運辯宗述頓悟，沙門釋慧觀執漸悟，明漸論（釋曇無成）。

參觀本書卷三求那跋多傳。參觀本書卷八法瑗傳。瑗為觀弟子而通頓悟之說，可知觀亦兩說並舉。與□□已中古博士之□護其論文也。惟筆受楞伽之譯文，乃與後世禪宗之事有關。此可與判教記啓天台宗□□□要也。

宋京師靈味寺釋僧含

頃之，南遊九江，大闡經法。瑯琊顏竣時為南中郎記室參軍，隨鎮潯陽，與含深相器重，造必終日。

南史卅四顏延之傳附竣傳。

（第三册封面）

十、耆域

卷第八　義解五

宋吴虎丘山釋曇諦

〔曇諦〕後還吴興，入故章崐山，閑居澗飲二十餘載。以宋元嘉末卒於山，春秋六十餘。

據廣弘明集廿六丘道護之道士支曇諦誄，卒於晉義熙七年五月某日，與此不同。

宋京師中興寺釋道温　僧慶　慧定　僧嵩

時中興寺復有僧慶、慧定、僧嵩，並以義學顯譽。慶善三論，為時學所宗。定善涅槃及毘曇，亦數當元匠。嵩亦兼明數論，末年僻執，謂佛不應常住。臨終之日，舌本先爛焉。

吉藏中觀論疏卷第一末第四明作論破迷：解佛滅後不同部執論云：一百十六年分為兩部。一上座部，謂佛畢竟涅槃。此小乘執也。二大衆部，謂佛雖（般）涅槃，而不般涅槃，般之言入，涅槃言滅。此明應身雖滅，法身常存。宋代二師同兩部義。彭城竺僧弼作丈六即真論云：如月在高天，影現百水。水清則像現，水濁則像隱。緣見有生滅，佛實無去來。此略同大衆部義也。次彭城嵩法師云：雙林滅度，此為實說。常樂我淨，乃為權說。故信大品而非涅槃。此略同上座部義。後得病，爛舌口中。因改此迷，引懸鏡高堂為喻。像雖去來，鏡無生滅。然境雖起謝，而智體凝然。

安澄中論疏記引智光中論述義云：「有僧云宋中興寺釋僧嵩本姓趙，河北人也。而今言彭城者是後所住處也。」

又出三藏記集卷五竺法度造異儀記謂為彭城僧淵，與此傳及嘉祥不合。然僧淵為僧嵩弟子，師弟之說相同，亦可能也。

案：大品，即放光般若。卷三第九蜜行品云：「佛告須菩提：菩薩摩訶薩行般若波羅蜜，當學字法、合法、及權法數。行般若波羅蜜，不見色、痛、想、行、識字有常無常，亦不見五陰字有苦有樂，亦不見五陰有我無我，亦不見五陰空，無相無願，亦不見五陰淨。」此乃大品與涅槃異處，故僧嵩信大品而非涅槃。

宋京師莊嚴寺釋曇斌 曇濟 曇宗

時莊嚴復有曇濟、曇宗，並以學業才力見重一時。濟述七家論，宗著經目及數林。

寶唱名僧傳曇濟傳云：「河東人也，十三出家，為導（僧導）弟子，住壽陽八公山東〔山〕寺，天子聞風，請出都。是以宋大明二年過江，住中興寺。」慧皎高僧傳僧導傳云：「高祖感之，因令子姪內外師焉。後立寺於壽春，即東山寺也。」又云：「至孝武帝昇位，遣使徵請。導翻然應詔，止於京師中興寺。」據此可知導濟傳述三論之史實矣。

僧叡毘摩羅詰提經義疏序：「六家偏而不即，性空之宗，以今驗之，最傳其實。」

中觀論疏卷二末：什公未至，長安本有三家義。即本無義、即色義、心無義。

參考僧肇肇論「不真空論」。

安澄中論疏記：「言六家者，梁寶唱作續法論云（應作續法輪論）：宋釋曇濟作六家七宗論，論有六家，分成七宗。一、本無宗，二、本無異宗，三、即色宗，四、心無宗，五、識含宗，六、幻化宗，七、緣會宗。今言六家者，於七宗中除本無異宗也。有人傳云，此言不明，今應云於七宗中除本無宗，名為六家也。一琛法師本無，二關內即色，餘皆同前也。」

七家而六宗者，本無宗有本無本宗及本無異宗二家，若除本宗為六宗，若除本宗則六家皆視為非正統之宗。七宗中前四宗乃對空之學說。參考元康肇論疏大正本一六三上。

宋京師興皇寺釋道猛

太始之初，帝創寺於建陽門外，勅猛為綱領。帝曰：「夫人能弘道，道藉人弘。今得法師，非直道益蒼生，亦有光世望，可目寺為興皇。」由是成號。

興皇寺之起源。寺在建陽門外。

宋京師新安寺釋道猷 道慈

釋道猷，吴人。初為生公弟子，隨師之廬山。師亡後，臨川郡山，乃見新出勝鬘經，披卷而歎曰：「先師昔義，闇與經同，但歲不待人，經集義後，良可悲哉。」因注勝鬘，以翌宣遺訓，凡有五卷，文煩不行。

出三藏記集九慈法師勝鬘經序中道攸即道猷。文中「慈因得諮覲，粗問此經首尾」之句，慈乃道慈自稱，因字屬下讀，非名也。境野支那佛教史講話上卷三〇五頁以慈因聯讀，而悟其名不同，可笑！

齊僞魏濟州釋僧淵 慧記 道登

曇度、慧記、道登，並從淵受業。慧記兼通數論，道登善涅槃、法華。並為魏主元宏所重，馳名僞國。

道登事參見魏書八十九酷吏傳高遵傳，及一百十二上靈徵志上太和十六年十一月乙亥高祖與道登於侍中省見鬼事，及魏書一一四釋老志。

齊京師靈根寺釋法瑗

後〔宋〕文帝訪覓述生公頓悟義者，迺勑下都，使頓悟之旨，重伸宋代。何尚之聞而歎曰：「常謂生公歿後，微言永絕。今日復聞象外之談，可謂天未喪斯文也。」

參觀本書卷七慧觀傳。

卷第九　義解六

梁京師靈味寺釋寶亮

天監八年初，勑亮撰涅槃義疏十餘萬言。上為序之曰……

今日本所傳集解載有此序，然則義疏即在今本七十一卷中也。

卷第十　神異上

晉鄴中竺佛圖澄 道進

竺佛圖澄者，西域人也。本姓帛氏。

封氏聞見記八佛圖澄姓條。說郛十八宋顧文薦負暄雜録：「邢州内丘縣西古中丘城寺碑，乃後趙石勒光初五年所立也。碑云：大和尚佛圖澄者，乃天竺大國附賓小王之元子，本姓濕，所以言濕者，思潤理國，澤被四方，是以濕為姓。」案此說不可據，疑偽作。又晉書九十五藝術傳作天竺人，明與姓帛不符，是僧傳猶保存舊材料，未更易，較晉書為可貴也。

偽中書令王波同度所奏。虎下書曰：「度議云：佛是外國之神，非天子諸華所可宜奉。朕生自邊壤，忝當期運，君臨諸夏。至於饗祀，應兼從本俗。佛是戎神，正所應奉……」

此與滿洲祀索子同其義。

晉洛陽耆域

耆域者，天竺人也。周流華戎，靡有常所。而倜儻神奇，任性忽俗。迹行亦不恒，時人莫之能測。自發天竺，至於扶南。經諸海濱，爰涉交廣，並有靈異。

本印度神醫，詳見㮈女耆域因緣經、奈女耆婆經、四分律第四十、根本説一切有部毘奈耶雜事二十一，乃神話之託之中國者。今遽為歷史上之真實人物，謬矣。

卷第十一　神異下

晉上虞龍山史宗

後同止沙門，夜聞〔史〕宗共語者，頗説蓬萊上事，曉便不知宗所之。陶淵明記白土埭遇三異法師，此其一也。

搜神後記。

卷第十二　習禪

晉長安釋慧嵬

後冬時天甚寒雪，有一女子來求寄宿。形貌端正，衣服鮮明，姿媚柔雅，自稱天女：「以上人有德，天遣我來，以相慰喻。」談説欲言，勸動其意。嵬厥志貞確，一心無擾，乃謂女曰：「吾心若死灰，無以革囊見試。」女遂凌雲而逝。顧而歎曰：「海水可竭，須彌可傾。彼上人者，秉志堅貞。」

維摩詰經菩薩品持世菩薩事。

晉隆安三年，與法顯俱遊西域，不知所終。

與顯俱遊西域。

晉始豐赤城山支曇蘭

〔曇蘭〕後憩始豐赤城山，見一處林泉清曠而居之。經工數日，忽見一人，而形長數丈，呼蘭令去。又見諸異形禽獸，來以恐蘭。見蘭恬然自得，乃屈膝禮拜云：「珠欺王是家舅，今往韋鄉山就之，推此處以相奉。」爾後三年，忽聞車騎隱隱，從者彌峰。俄而有人著幘稱珠欺王通既前，從其妻子男女等二十三人，並形貌端整，有逾於世。

珠欺王。

宋僞魏平城釋玄高 曇曜

釋玄高，姓魏，本名靈育，馮翊萬年人也。母寇氏，本信外道。始適魏氏，首孕一女，即高之長姊，生便信佛。

參考魏書四十二寇讚傳及四十七盧玄附淵傳。

母以僞秦弘始三年，夢見梵僧散華滿堂，覺便懷胎。至四年二月八日生男，家內忽有異香，及光明照壁，迄旦乃息。母以兒生瑞兆，因名靈育。時人重之，復稱世高。

靈育乃道育、道子之例，為天師道世家所表示其信仰之名。字世高則佛教之名字。依此推測，寇氏本天師道信徒，而所嫁之魏氏或是佛教信仰者，故玄高長姊「生便信佛」。及母夢梵僧，皆由魏氏家族環境薰習所致。此殆子女之信仰受父系之影響也。玄高之名靈育，則表示其母系之宗教。其名世高，則表示其父系之宗教。作傳者乃以夢見梵僧之瑞兆傅會之，以為其名靈育之解釋，恐非實録。

> 時乞佛熾槃跨有隴西，西接涼土。有外國禪師曇無毗，來入其國，領徒立衆，訓以禪道。然三昧正受，既深且妙，隴右之僧，稟承蓋寡。高乃欲以己率衆，即從毗受法。旬日之中，毗乃反啓其志。

此語出太子瑞應本起經。鳩摩羅什傳中亦用此語。

> 時魏虜託跋燾僭據平城，軍侵涼境。燾舅陽平王杜超，請高同還偽都。既達平城，大流法化。偽太子託跋晃事高為師。晃一時被讒，為父所疑，乃告高曰：「空羅枉苦，何由得脱。」高令作金光明齋，七日懇懺。

南齊書魏虜傳。

於是朝士庶民皆稱臣於太子。上書如表，以白紙為別。時崔皓、寇天師並先得寵於燾，恐晃纂承之日，奪其威柄，乃讚云：太子前事，實有謀心，但結高公道術，故令先帝降夢。如比物論，事迹稍形。若不誅除，必為巨害。燾遂納之，勃然大怒，即勑收高。

可知表紙通常非白色也。

皓當作浩。讚當作譖。

弟子玄暢時在雲中，去魏都六百里，旦忽見一人告云以變，仍給六百里馬。於是揚鞭而返，晚間至都，見師已亡，悲慟斷絕。因與同學共泣曰：「法今既滅，頗復興不。如脱更興，請和上起坐。和上德匪常人，必當照之矣。」言畢，高兩眼稍開，光色還悅。體通汗出，其汗香甚。須臾起坐，謂弟子曰：「……唯有玄暢當得南度。……」言已便卧而絕也。明日遷柩，欲闍維之，國制不許，於是營墳即窆。

此與耶穌復活神話同意。

時河西國沮渠牧犍。時有沙門曇曜，亦以禪業見稱。偽太傅張潭伏膺師禮。

續高僧傳有曇曜傳，惟彼傳不及此事。以時代名字考之，當是一人。蓋北涼滅而遷入魏也。

宋廣漢釋法成

〔法〕成常誦寶積經。

寶積經。

齊錢塘靈隱山釋曇超

〔曇超〕大明中還都，至齊太祖即位，被敕往遼東，弘讚禪道。

齊太祖令曇超往遼東。

齊始豐赤城山釋慧明

〔慧明〕於是棲心禪誦，畢命枯槁。後於定中見一女神，自稱吕姥，云常加護衛。

吕姥蓋當時流俗傳言。梁武帝「菜姑吕姥」之謡即用民間習語也。

習禪總論

然禪用為顯，屬在神通。故使三千宅乎毛孔，四海結為凝酥。過石壁而無壅，擎大衆而弗遺。

此瑜伽之名所由來也。

若如鬱頭藍弗，竟為禽獸所惱；獨角仙人，終為扇陀所亂。

大智度論十七。

卷第十三　明律

明律總論

又文殊師利問經云：我涅槃後百年，當有二部起。一摩訶僧祇，二大衆。老少同會，共菩薩會出律也。

大衆即摩訶僧祇之譯義，「二」字必誤文。

卷第十四　興福

宋京師延賢寺釋法意

晉義熙中，鍾山祭酒朱應子。先是，孫恩建義之黨，竄居此山，分其外地少許，與意為寺，號曰延賢寺。

祭酒乃天師道之高級法官，如張魯之祭酒是也。

齊上定林寺釋法獻　玄暢

獻以永明之中，被勑與長干玄暢同為僧主，分任南北兩岸。

李德裕戲贈慎微寺主道安上座二僧正詩云：「遙知暢獻分南北，應用調和致六羣。」

卷第十五　經師　唱導

齊安樂寺釋僧辯

永明七年二月十九日，司徒竟陵文宣王夢於佛前詠維摩一契，因聲發而覺，即起至佛堂中，還如夢中法，更詠古維摩一契，便覺韻聲流好，有工恒日。明旦，即集京師善聲沙門龍光普知、新安道興、多寶慧忍、天保超勝，及僧辯等，集第作聲。辯傳古維摩一契、瑞應七言偈一契，最是命家之作。

可與南齊書四十竟陵王子良傳參觀。

經師總論

自大教東流，乃譯文者衆，而傳聲者蓋寡。良由梵音重複，漢語單奇。若用梵音以詠漢語，則聲繁而偈迫；若用漢曲以詠梵文，則韻短而辭長。是故金言有譯，梵響無授。始有魏陳思王曹植，深愛聲律，屬意經音。既通般遮之瑞響，又感漁山之神製。於是删治瑞應本起，以為學者之宗。傳聲則三千有餘，在契則四十有二。

劉敬叔異苑五：「陳思王曹植字子建，嘗登魚山，臨東阿，忽聞巖岫裏有誦經聲，清通深亮，遠谷流響，肅然有靈氣，不覺斂衽祇敬，便有終焉之志，即效而則之。今之梵唱，皆植依擬所造。一云陳思王遊山，忽聞空裏誦經，聲清遒亮，解音者則而寫之，為神仙聲，道士效之，作步虛聲也。」寅恪案：此佛道二家皆記之於陳思，而道在佛後無疑也。

支謙譯太子瑞應本起經下：「梵天知佛欲取泥洹，為天人請命，求哀於佛，令止説經，即語帝釋，將天樂般遮伎，下到石室。佛方定意覺，般遮彈琴而歌其辭」云云。

雜寶藏經六第七十三帝釋問事緣作「般闍識企」。

魏志十九陳思王植傳：「太和三年，徙封東阿。六年二月，封植為陳王。發疾薨。」若佢果有製瑞應本起契之事，則應在此時。然當時魏制待藩王甚峻迫，而於植尤甚。據本書卷一康僧會傳，支謙在吳，孫權之用為博士，使與韋昭諸人輔導太子，則植決不能越境與之交通，删治其譯本，以為聲契，其為偽託無疑。

唐湛然法華文句記卷五中：「梁宣驗記云：『陳思王姓曹名植，字子建，魏武帝第四子。十歲善文藝，私制轉七聲。植曾遊漁山，於巖谷間聞誦經聲，遠谷流美，乃效之而製其聲。』如賢愚經鈴聲比丘緣等。」案隋書卅五經籍志史部小説類：「宣驗記十三卷，劉義慶撰。」則「梁」乃宋之誤。

逮宋齊之間，有曇遷、僧辯、太傅、文宣等，並殷懃嗟詠，曲意音律，撰集異同，斟酌科例。存於舊法，正可三百餘聲。自茲厥後，聲多散落。人人致意，補綴不同。所以師師異法，家家各製，皆由昧乎聲旨，莫以裁正。

僧祐出三藏記集十二齊太宰竟陵文宣王法集録目録：與何祭酒書讚法滋味一卷，讚梵唄偈文一卷，梵唄序一卷，轉讀法并釋滯法一卷。

又齊竟陵世子撫軍巴陵王法集云：「觀其摛賦經聲，述頌繡像，千佛願文，捨身弘誓，四城、九相之詩，釋迦十聖之讚，並英華自凝，新聲間出。」

又巴陵雜集目録有經聲賦。

竟陵王子良及巴陵王昭胄傳見南齊書卷四十。

然天竺方俗，凡是歌詠法言，皆稱為唄。至於此土，詠經則稱為轉讀，歌讚則號為梵音。△

「音」字麗本作「唄」，與下文「梵唄」之語合。

昔諸天讚唄，皆以韻入絃管。五衆既與俗違，故宜以聲曲為妙。原夫梵唄之起，亦肇自陳思，始著太子頌及睒頌等，因為之製聲，吐納抑揚，並法神授。睒頌當即頌康僧會譯六度集經五之睒菩薩本生。案本書一僧會傳，會以赤烏十年始達建業。而魏志十九陳思王植傳，植以魏明帝太和六年薨。赤烏十年即魏齊王芳正始八年，上距思王之薨已十五年，何能預據支謙譯本作頌耶？

其後居士支謙，亦傳梵唄三契，皆湮没不存。世有共議一章，恐或謙之餘則也。唯康僧會所造泥洹梵唄，於今尚傳，即敬謁一契，文出雙卷泥洹，故曰泥洹唄也。

歷代三寶記五：支謙譯瑞應本起經二卷。（原注：黄武年第二出，一云太子本起瑞應，與康孟詳出者小異，陳郡謝鏘、吴郡張洗等筆受，魏東阿王植詳定，見始興録及三藏記。）寅恪案：三藏記無東阿王詳定之文，此語必出始興録。今始興録已逸。出三藏記集二：支謙譯大般泥洹經二卷（原注：安公云出長阿含，祐案今長阿含與此異。）瑞應本起經二卷。

唱導總論

昔佛法初傳，於時齊集，止喧唱佛名，依文致禮。至中宵疲極，事資啓悟，乃别請宿德，升座説法。或雜序因緣，或傍引譬喻。

賢愚經、法句譬喻經可證此唱經之起源也。

王曼穎致慧皎書

弟子孤子王曼穎頓首和南。一日蒙示所撰高僧傳，並使其掎摭。力尋始竟，但見偉才；紙弊墨渝，迄未能罷。

南史五十二梁南平元襄王偉傳云：平原王曼穎卒，家貧無以殯，友人江革往哭之，其妻兒對革號訴。革曰：建安王知，必為營理。言未訖，而偉使至，給其喪事，得周濟焉。又傳云：〔天監〕元年，封建安王。十七年，改封南平郡。然則慧皎是書早成，據此可推。

誠非子通見元則之論，良愧處道知休奕之書。徒深謝安慕竺曠風流，殷浩憚支遁才俊耳。

本書卷四支遁傳：郗超問謝安：林公何如殷浩？安曰：亹亹論辯，恐殷制支。超拔直上淵源，浩有慚德。

本書卷五竺法曠傳：還止於潛青山石室。……謝安為吴興守，故往展敬。而山棲幽阻，車不通轍。於是解駕山椒，陵風步往。

高僧傳二集（續高僧傳）之部

唐

釋道宣

撰

光緒十六年春二月
江北刻經處印行

目次

卷第一　譯經篇初　一六九
梁楊都莊嚴寺沙門釋寶唱傳二　僧朗　一六九
魏北臺石窟寺恒安沙門釋曇曜傳三　一七〇
魏南臺永寧寺北天竺沙門菩提流支傳四　一七〇
陳南海郡西天竺沙門拘那羅陀傳五　一七一
陳揚都金陵沙門釋法泰傳六　智愷　曹毗　智敫　一七二
卷第二　譯經篇二　一七三
隋東都上林園翻經館沙門釋彦琮傳四　一七三
卷第三　譯經篇三　一七五
(唐)京師紀國寺沙門釋慧淨傳三　一七五
卷第五　一七六
唐京師大慈恩寺釋玄奘傳之餘　一七六

(唐)京師大慈恩寺梵僧那提傳二……一七七
卷第六　義解篇初……一七七
(梁)楊都宣武寺沙門釋法寵傳六……一七七
(梁)楊都莊嚴寺沙門釋僧旻傳八……一七八
(梁)楊都光宅寺沙門釋法雲傳九……一七九
(梁)鍾山開善寺沙門釋智藏傳十二……一八〇
卷第七　義解篇二……一八一
魏洛陽釋道辯傳六……一八一
(魏)恒州報德寺釋道登傳七……一八一
卷第八　義解篇三……一八二
梁楊都龍光寺釋僧喬傳四……一八二
齊鄴中天平寺釋真玉傳十三……一八二
卷第九　義解篇三……一八三
(陳)楊都興皇寺釋法朗傳二……一八三
(陳)楊都大彭城寺釋寶瓊傳四……一八五

(陳)楊都白馬寺釋警韶傳五……一八五
(陳)鍾山耆闍寺釋安廩傳六……一八六
(陳)攝山栖霞寺釋慧布傳七……一八六
魏鄴下沙門釋道寵傳九……一八九
卷第十　義解篇四……一九〇
齊鄴東大覺寺釋僧範傳一……一九〇
(齊)鄴中釋曇遵傳二……一九一
(齊)鄴下總持寺釋惠順傳三……一九一
(齊)鄴西寶山寺釋道憑傳四……一九一
(齊)并州僧統釋靈詢傳五……一九二
(齊)大統合水寺釋法上傳六……一九二
(齊)鄴下定國寺釋道慎傳七……一九三
(周)潼州光興寺釋寶彖傳十……一九三
齊洛州沙門釋曇衍傳十一……一九三
陳楊都莊嚴寺釋惠榮傳十二……一九四

卷第十一　義解篇五……一九五
(隋)荆州龍泉寺釋羅雲傳三……一九五
(隋)襄州龍泉寺釋慧哲傳五……一九六
(隋)相州演空寺釋靈裕傳八……一九六
(隋)東都内慧日道場釋法論傳十三……一九七
(隋)京師大興善道場釋僧粲傳十四……一九七
卷第十二　義解篇六……一九八
隋彭城崇聖道場釋靖嵩傳一……一九八
(隋)丹陽攝山釋慧曠傳五……一九九
(隋)西京禪定道場釋智凝傳八　靈覺　道卓……一九九
(隋)西京大興善道場釋僧曇傳十一……二〇〇
(隋)西京勝光道場釋法瓚傳十三……二〇〇
(隋)西京光明道場釋慧最傳十五……二〇〇
卷第十三　義解篇七……二〇一
(隋)西京日嚴道場釋智矩傳二　慧感　慧賾……二〇一

(隋)西京日嚴道場釋辯義傳四……二〇一
(隋)西京日嚴道場釋明舜傳五……二〇二
(唐)京師慈門寺釋普曠傳九……二〇二
(唐)京師大莊嚴寺釋保恭傳十……二〇二
(唐)京師大興善寺釋法侃傳十一……二〇三
(唐)京師延興寺釋吉藏傳十二……二〇三
卷第十四　義解篇八……二〇四
(隋)終南山龍池道場釋道判傳四……二〇四
唐京師淨影寺釋善胄傳九……二〇四
卷第十五　義解篇九……二〇五
(唐)京師普光寺釋道岳傳十……二〇五
卷第十六　義解篇十……二〇六
(唐)越州嘉祥寺釋智凱傳十四……二〇六
卷第十七　義解篇十一……二〇七
唐越州静林寺釋法敏傳一……二〇七

卷第十八 …… 二〇八
(唐)京師慈恩寺釋義褒傳十五 …… 二〇八
卷第十九　習禪初 …… 二〇九
梁鍾山定林寺釋僧副傳一 …… 二〇九
(梁)鍾山延賢寺釋慧勝傳二 …… 二〇九
魏嵩岳少林寺天竺僧佛陀傳四 …… 二一一
齊鄴下南天竺僧菩提達磨傳五 …… 二一一
(齊)鄴中釋僧可傳六 …… 二一三
(齊)林慮山洪谷寺釋僧達傳七 …… 二一六
(齊)鄴西龍山雲門寺釋僧稠傳八 …… 二一六
卷第二十一　習禪篇之二 …… 二一七
周河陽仙城山善光寺釋慧命傳一 …… 二一七
隋南嶽衡山釋慧思傳二 …… 二一八
(隋)國師智者天台山國清寺釋智顗傳三 …… 二二〇
(隋)京師清禪寺釋曇崇傳五 …… 二二三

卷第二十二　習禪三……………………………………………………二三四
隋西京禪定道場釋曇遷傳一……………………………………二三四
（隋）蒲州栖巖道場釋真慧傳三…………………………………二三五
（隋）西京禪定道場釋慧瓚傳四…………………………………二三六
（隋）益州響應山道場釋法進傳六………………………………二三六
（隋）澤州羊頭山釋道舜傳八……………………………………二三六
（隋）西京慈門道場釋本濟傳十一　善智……………………二三七
卷第二十三　習禪四……………………………………………………二三七
（唐）終南山紫蓋沙門釋法藏傳五………………………………二三七
（唐）京師化度寺釋僧邕傳九……………………………………二三八
卷第二十四　習禪五……………………………………………………二三九
（唐）京師宏法寺釋靜琳傳四……………………………………二三九
卷第二十五　習禪六……………………………………………………二三〇
（唐）京師大莊嚴寺釋曇倫傳二…………………………………二三〇
卷第二十六　習禪六之餘………………………………………………二三一

(唐)潤州牛頭沙門釋法融傳十六……二三二
(唐)蘄州雙峰山釋道信傳十九……二三二
習禪總論……二三三
卷第二十七　明律上……二三三
齊鄴下大覺寺釋慧光傳三　馮居士……二三三
(齊)鄴東大衍寺釋曇隱傳四……二三四
(陳)楊都奉誠寺大律都釋智文傳六……二三四
隋并州大興國寺釋法願傳七……二三四
(隋)京師大興善寺釋靈藏傳八……二三五
(隋)西京大興善寺釋洪遵傳十一……二三六
(唐)益州龍居寺釋惠詵傳十五……二三六
卷第二十八　明律下……二三七
唐京師宏福寺釋智首傳一……二三七
(唐)相州日光寺釋法礪傳三……二三七
(唐)京師普光寺釋玄琬傳四……二三八

(唐)京師普光寺釋慧滿傳六……二三八
卷第二十九　明律下之餘……二三九
明律總論……二三九
卷第三十　護法上……二四〇
東魏洛都融覺寺釋曇無最傳一……二四〇
齊逸沙門釋曇顯傳三……二四一
周終南山避世峯釋靜藹傳四……二四二
(周)京師大中興寺釋道安傳五　慧儁　寶貴……二四四
(隋)益州孝愛寺釋智炫傳八……二四五
卷第三十一　護法下……二四六
(唐)終南山智炬寺釋明瞻傳三……二四六
(唐)京師勝光寺釋慧乘傳四　道璋……二四七
(唐)京師大總持寺釋智實傳五　普應　法行……二四七
卷第三十二……二四八
(唐)新羅國大僧統釋慈藏傳十……二四八

卷第三十三　感通上……二四九
(魏)文成沙門釋慧達傳三……二四九
魏末魯郡沙門釋法力傳七 法禪……二五〇
齊相州鼓山寺釋道豐傳十四……二五〇
(齊)鄴下大莊嚴寺釋圓通傳十五……二五一
卷第三十四……二五二
(隋)鄂州沙門釋法朗傳二十二……二五二
(隋)蜀部灌口山竹林寺釋道仙傳二十三……二五二
(隋)蔣州大歸善寺釋慧侃傳二十七……二五三
(唐)雍州義善寺釋法順傳三十 智儼……二五三
(唐)蒲州普濟寺釋道英傳三十一……二五四
卷第三十五　感通篇中……二五五
周益州青城山飛赴寺香闍梨傳二……二五五
(周)益州多寶寺猷禪師傳三……二五五
(周)益州沙門釋僧度傳四……二五六

(周)益州野安寺衛元嵩傳五……二五六
(隋)京師凝觀寺釋法慶傳十八 單道琮……二五七
(隋)荆州青溪山釋道悦傳二十……二五七
(隋)荆州内華寺釋慧耀傳二十一……二五七
(隋)東嶽沙門釋道辯傳二十二……二五八
(唐)京師法海寺釋法通傳二十六……二五八
(唐)巴陵顯安寺釋法施傳二十八……二五九
(唐)初蜀川沙門釋慧岸傳二十九……二五九
(唐)代州五臺山釋明隱傳三十五……二五九
(唐)兗州法集寺釋法沖傳三十九……二六〇
卷第三十六　感通篇下……二六二
隋京師大興善寺釋道密傳一……二六二
(隋)中天竺國沙門闍提斯那傳三……二六三
(隋)京師大興善寺釋明璨傳五……二六四
(隋)京師仁法寺釋道端傳八……二六五

（隋）京師大興善寺釋明芬傳十……二六五
（隋）京師揚化寺釋法楷傳三十九……二六五
（隋）京師静法寺釋智嶷傳四十三……二六五
（隋）京師淨影寺釋淨辯傳四十五……二六六
卷第三十七　遺身篇第七……二六六
周益州沙門釋僧崖傳二……二六六
（隋）終南山楩梓谷釋普安傳五……二六七
（隋）九江廬山沙門釋大志傳六……二六八
（唐）京師宏福寺釋玄覽傳八……二六八
（唐）梓州沙門紹闍梨傳十……二六八
（唐）終南山豹林谷沙門釋會通傳十一……二六九
（唐）雍州新豐福緣寺釋道休傳十二……二六九
卷第三十八　讀誦篇第八……二七〇
魏泰嶽人頭山銜草寺釋志湛傳一……二七〇
卷第三十九　興福篇第九……二七〇

周鄘州大像寺釋僧明傳二 僧護……二七〇
唐綿州振響寺釋僧晃傳四……二七二
(唐)京師清禪寺釋慧冑傳九 法素……二七二
卷第四十 襍科聲德篇第十……二七二
陳楊都光宅寺釋慧明傳一……二七二
高齊鄴下沙門釋道紀傳二……二七三
(隋)杭州靈隱山天竺寺釋真觀傳四……二七三
(隋)蔣州栖霞寺釋法韻傳五……二七四
(隋)西京日嚴道場釋善權傳七……二七四
(隋)東都慧日道場釋智果傳八 智騫 玄應……二七四
唐京師玄法寺釋法琰傳十……二七五
(唐)京師定水寺釋智凱傳十一……二七六
襍科聲德篇總論……二七六

卷第一　譯經篇初

梁楊都莊嚴寺沙門釋寶唱傳二　僧朗

天監七年，帝以法海浩瀚，淺識難尋，敕莊嚴僧旻於定林上寺纘衆經要抄八十八卷。又敕開善智藏纘衆經理義，號曰義林，八十卷。又敕建元僧朗注大般涅槃經七十二卷。並唱奉別敕，兼贊其功，綸綜終始，緝成部袠。

歷代三寶記云：建元寺沙門釋法朗。今存之大涅槃經集解七十一卷，或疑與此有關。但集解已采天監八年寶亮所撰之義疏，則此文又敕等語，若承上文天監七年之語，則不可能也。待考。

帝以佛法沖奧，近識難通，自非才學，無由造極，又敕唱自大教東流，道門俗士，有敘佛理著作宏義，並通鳩聚，號曰續法輪論，合七十餘卷。

契嵩傳法正宗記云：「契嵩少聞耆宿云，嘗見古祖圖引梁寶唱續法記所載，達磨至梁，當普通元年。」

案唱無續法記之作，當是附會續法輪論而言也。續法輪論為書之性質，想是陸澄法論之類，與弘明集、廣弘明集相似。

魏北臺石窟寺恒安沙門釋曇曜傳三

釋曇曜，未詳何許人也。

慧皎高僧傳玄高傳附曇曜事，言為沮渠牧犍、太傅張潭師禮，不知即此人否？以名字、時代言，或非二人也。

魏南臺永寧寺北天竺沙門菩提流支傳四

寺既初成，明帝及太后共登浮圖，視宮中如掌內。下臨雲雨，上天清朗，以見宮内事故，禁人不聽登之。自西夏東華遊歷諸國者，皆曰：如此塔廟，閻浮所無。

據羊衒之，乃菩提達磨所言。

陳南海郡西天竺沙門拘那羅陀傳五

拘那羅陀，陳言親依，或云波羅末陀，譯云真諦，並梵文之名字也。

應作拘羅那陀，即梵文 Kulanātha，始可与親依之訓符。近日本人以為應作 Guṇarata，則其義為功德寶（見境野哲支那佛教史講話上卷三六〇頁）。蓋不知那羅二字應倒讀也。陳真諦譯唯識論慧愷後記作拘羅那陀，不誤。

〔真諦〕乃步入東土，又往富春，令陸元哲創奉問津，將事傳譯。招延英秀，沙門寶瓊等二十餘人，翻十七地論，適得五卷。而國難未靜，側附通傳。至大寶三年，為侯景請還，在臺供養。於斯時也，兵饑相接，法幾頹焉。會元帝啓祚，承聖清夷，乃止於金陵正觀寺，與願禪師等二十餘人，翻金光明經。三年二月，還返豫章。又往新吴始興。後隨蕭太保度嶺，至於南康，並隨方翻譯，棲遑靡託。逮陳武永定二年七月，還返豫章，又上臨川晉安諸郡。

疑為偽撰大乘起信論智愷序云：與假黄鉞大將軍，太保蕭公勃以大梁承聖三年，歲次癸酉，九月十日，於衡州始興郡建興寺，敬請法師云云。

據三寶記，大乘起信論同，即太清四年在陸元哲宅出。十七地論，太清四年於富春陸元哲宅譯。

彌勒下生經，承聖三年於豫章寶田寺。起信論疏二卷，太清四年出。九識義記，太清三年於新吴美業寺出。

大唐内典録載：「譯大乘起信論於大同四年」，蓋聯接上文十七地論五卷，太清四年於富春陸元哲宅譯。故書云「同四年」，意謂同為太清四年也。乃内典録著者或人傳寫者誤以同為大同之脱文，遂加「大」字，以致譌誤也。

陳揚都金陵沙門釋法泰傳六　智愷　曹毗　智敷

智愷，俗姓曹氏，住楊都寺。初與法泰等前後異發，同往嶺表，奉祈真諦。

〔智愷〕以八月二十日遘疾，自省不救，索紙題詩曰：千秋本難滿，三時理易傾。石火無恒焰，電光非久明。遺文空滿笥，徒然昧復生。泉路方幽噎，寒隴向淒清。一隨朝露盡，唯有夜松聲。因放筆，與諸名德握手語別，端坐儼思，奄然而卒，春秋五十有一，即光大二年也。

智愷。

光大二年為西曆五七〇年。（録者注：當為五六八年。）

> 太建二年，〔曹〕毗請建興寺僧正明勇法師續講攝論，成學名僧五十餘人。

據今傳疑之智愷大乘起信論序，建興寺在始興。

> 〔智〕敷撰諦之翻譯歷，始末指訂，並卷部時節，人世詳備，廣有成叙。

今歷代三寶記及本書真諦傳，蓋出於智敷所撰及僧宗之行狀也。

卷第二　譯經篇二

隋東都上林園翻經館沙門釋彥琮傳四

> 釋彥琮，俗緣李氏，趙郡柏人人也。世號衣冠，門稱甲族。

據史傳所載，如隋書李謐傳及新唐書宰相世系表等，柏人之李甚衰微，寅恪疑李唐即出自此支也。

有王舍城沙門，遠來謁帝，事如後傳。將還本國，請舍利瑞圖經及國家祥瑞録。敕又令琮翻隋為梵，合成十卷，賜諸西域。

唐太宗令玄奘譯老子為梵文，此已在前矣。

〔彥琮〕乃著辯正論，以垂翻譯之式，其辭曰：彌天釋道安每稱，譯胡為秦，有五失本、三不易也。……

出三藏記集八載道安摩訶鉢羅若波羅蜜經鈔序。

諍論起迷，豫昞涅槃之記；部黨興執，懸著文殊之典。

文殊之典指文殊師利問經：「我涅槃後百年，有二部起」云云。

襍碎之條，尋訛本誠；水鵠之頌，俄舛昔經。

阿育王傳三，「水老鶴」。阿育王經七，「水白鷺」。毘奈耶雜事四十作「水白鶴」。

卷第三　譯經篇三

（唐）京師紀國寺沙門釋慧淨傳三

有道士于永通，頗挾時譽，令懷所重，次立義曰：有物混成，先天地生，吾不知其名，字之曰道。令即命言申論，仍曰：法師必須詞理切對，不得犯平頭上尾。

平頭上尾。

又撰法華經纘述十卷，勝鬘、仁王、般若、温室、盂蘭盆、上下生，各出要纘，盛行於世。

温室經疏一卷，今有敦煌本。

（第二册封面）

卷六：僧旻、法雲。

僧旻，轉讀唱導，庫生長。

卷七：慧皎。

卷第五

唐京師大慈恩寺釋玄奘傳之餘

又西華餘論，深尚聲明，則奘乃卑心請決，隨授隨曉。致有七變其勢，動發異蹤。三循廣論，恢張懷抱。故得施無厭寺三千學僧，皆號智囊，護持城壍，及覩其脣吻，聽其詞義，皆彈指讚歎：斯何人也！

高僧傳七僧叡傳：〔鳩摩羅什〕後出成實論，令叡講之，什謂叡曰：「此諍論中有七處文破毘曇，而在言小隱，若能不問而解，可謂英才。」至叡啓發幽微，果不諮什，而契然懸會。什歎曰：「吾傳譯經論，得與子相值，真無所恨矣。」

〔唐〕京師大慈恩寺梵僧那提傳二

〔那提〕以永徽六年創達京師，有敕令於慈恩安置，所司供給。時玄奘法師當途翻譯，聲華騰蔚，無由克彰。掩抑蕭條，般若是難。既不蒙引，返充給使。

此言似謂玄奘嫉之也。

卷第六　義解篇初

〔梁〕楊都宣武寺沙門釋法寵傳六

〔法寵〕年三十八，正勝寺法願道人善達樊許之術，謂寵曰：君年滿四十當死，無可避處。唯有祈誠諸佛，懺悔先愆，挑脱或可冀耳。寵因引鏡驗之，見面有黑氣，於是貨賣衣鉢資餘，併市香供。飛舟東逝，直至海鹽。居在光興，閑房禮懺，杜絶人物。晝忘食息，夜不解衣。迄年四十，歲暮之夕，忽覺兩耳腫痛，彌生怖懅。其夜懺達四更，聞户外有人言曰：君死業已盡。遽即開户，都無所見。明晨借問，僉言：黑氣都除，兩耳乃是生骨。斯實懺蕩之基，功不虚也。

此與智藏墅姥事略相似。

(梁)楊都莊嚴寺沙門釋僧旻傳八

〔僧旻〕年十三，隨迴出都，住白馬寺。寺僧多以轉讀唱導為業。旻風韻清遠，了不厝意。

僧旻卒於梁普通八年，即五二七年，年六十一歲，則其生在明帝泰始三年，即四六七年。其年十三歲，為宋順帝昇明三年，即齊高帝建元元年，亦即四七九年也。此正是當時楊都風氣。

瑯琊王仲寶、吴人張思光，學冠當時，清貞獨絶，並投分請交，申以縞帶。

王儉、張融也。

天監末年，下敕於莊嚴寺建八座法輪。講者五僧，以年臘相次，旻最處後，衆徒彌盛。莊嚴講堂，宋世祖所立，欒櫨增映，延袤遐遠。至於是日，不容聽衆。執事啓聞，有敕聽停講五十日。悉移窗户，四出檐霤。又進給床五十張，猶為迫迮。桄桯摧折，日有十數。得人之盛，皆此類焉。

聽講者之衆，當為一時盛事。

旻因捨什物嚫施，擬立大堂，慮未周用，待庫生長，傳付後僧。

長生庫之義，殆由于此。

（梁）楊都光宅寺沙門釋法雲傳九

七歲出家，更名法雲。從師住莊嚴寺，為僧成、玄趣、寶亮弟子，而儁朗英秀，卓絕時世。年十三，始就受業。太昌僧宗、莊嚴僧達，甚相稱讚。寶亮每曰：我之神明，殊不及也，方將必當棟梁大法矣。……與同寺僧旻等年臘，齊名譽。

南史七十循吏傳郭祖深傳：「上疏謂梁武溺情內教云：論外則有勉、捨，說內則有雲、旻。」雲即法雲，旻即僧旻也。

儀同陳郡袁昂云：有常供僧，學雲法華，日夜發願，望得慧解等之，忽夢見一僧曰：雲法師燈明佛時已講此經，那可卒敵也。

此與僧旻、道超事相類。

(梁)鍾山開善寺沙門釋智藏傳十二

有墅姥者，工相人也，為記吉凶，百不失一。謂藏曰：法師聰辯蓋世，天下流名，但恨年命不長，可至三十一矣。時年二十有九，聞斯促報，講解頓息，竭精修道，發大誓願，不出寺門。遂探經藏，得金剛般若，受持讀誦，畢命奉之。至所厄暮年，香湯洗浴，淨室誦經，以待死至。俄而聞空中聲曰：善男子！汝往年三十一者，是報盡期，由般若經力，得倍壽矣。藏後出山，試過前相者。乃大驚起曰：何因尚在世也？前見短壽之相，今了一無，沙門誠不可相矣！藏問：今得至幾？答云：色相骨法，年六十餘。藏曰：五十知命，已不為夭，況復過也。乃以由緣告之，相者欣服。竟以畢年辭世，終如相言。於是江左道俗，競誦此經，多有徵應，乃至於今。日有光大，感通屢結。

金剛經感應傳材料。

又徵士廬江何胤，居吴郡虎丘山，遇一神僧，捉一函書云：有人來寄語。須臾失之。及開函視，全不識其文詞。後訪魏僧，云是大莊嚴論中間兩紙也。時人咸謂藏之所致。

此當指鳩摩羅什所譯之本。此書應稱大莊嚴論，無經字，於此可證。

卷第七　義解篇二

魏洛陽釋道辯傳六

〔道辯〕但注維摩、勝鬘、金剛般若，小乘義章六卷、大乘義五十章，及申玄照等行世。

後來惠遠之大乘義章，其名或亦因先有此名也

（魏）恒州報德寺釋道登傳七

〔道登〕後從僧淵學究成論，年造知命，譽動魏都。北土宗之，累信徵請，登問同學法度曰：此請可乎？

法度之為僧淵弟子見於此，可謂宗教史最要之資料也。

卷第八　義解篇三

梁楊都龍光寺釋僧喬傳四

〔僧喬〕住龍光寺，聞僧旻説前修立義，有諸同異，則忘寢息，志欲稟受。又聽其語論轉捷，則撫掌累歎，思與偕也。

僧旻之善講，於茲可見。

齊鄴中天平寺釋真玉傳十三

釋真玉，姓董氏，青州益都人。生而無目，其母哀其不及，年至七歲，教彈琵琶，以為窮乏之計。而天情俊悟，聆察若經，不盈旬日，便洞音曲。

琵琶乞食。

（第三册封面）

九：法朗。

慧布，十九與慧可之關係及悟大品善達章行如芭蕉，葉葉除去，不得堅實之語，為後來六祖傳法偈之所本。

十一：羅雲。

卷第九　義解篇三

（陳）楊都興皇寺釋法朗傳二

初，攝山僧詮受業朗公，玄旨所明，惟存中觀。自非心會析理，何能契此清言。而頓迹幽林，禪味相得。及後四公往赴，三業資承，爰初誓不涉言，及久乃為敷演。故詮公命曰：此法精妙，識者能行，無使出房，輒有開示。故經云：計我見者，莫説此經；深樂法者，不為多説。良由藥病有以，不可徒行。

四論玄義卷五二諦義第一明大意條：攝嶺栖霞寺無所得三論大乘大師詮法師云：「二諦者，蓋是表裏之極説，文言之妙教，體非有無，有無不違於體。理非一二，一二不違於理。」

僧詮有禪味密傳。

> 朗等奉旨，無敢言厝。及詮化往，四公放言，各擅威容，俱領神略。勇居禪衆，辯住長干，朗在興皇，布仍攝嶺。禪門宏敞，慧聲遐討，皆莫高於朗焉。然辯公勝業清明，定慧兩舉，故其講唱兼存禪衆，抑亦詮公之篤厲也。然其義體，時與朗違，故使興皇座中排斥中假之誚。

勇，法勇。辯，玄辯。朗，法朗。布，慧布。

吉藏中論疏云：又中假師，聞假作假解，亦須破此解。

中論疏記引述義云：禪衆融（勇？慧勇），長干辯，俱是詮法師學士，而作中假解，兩來為假，兩去為中。故興皇大師以為中假師亦所破，云兩來不成假，兩去不成中也。均正玄義初卷云：非有非無即兩去，即是斷，而有而無即兩來，即是常。此是斷常二見。何謂中假？

吉藏勝鬘寶窟卷上本（大正藏一七四四號第五頁下）云：家師朗和尚每登高座，誨彼門人，常云：言以不住為端，心以無得為主。故深經高匠，啓悟羣生，令心無所著。三世諸佛，敷經演論，皆令衆生心無所著。有所得人，未學佛法，從無始來，任運於法，而起著心。今聞佛法，更復起著。是為著上而復生著，著心堅固，苦根轉深，無由解脱。欲令弘經利人，及行道自行，勿起著心。

(陳)楊都大彭城寺釋寶瓊傳四

餘有大乘義十卷。法華、維摩等經，並著文疏，故不備載。

寶瓊大乘義。

(陳)楊都白馬寺釋警韶傳五

會外國三藏真諦法師，解該大小，行攝自他。一遇欣然，與共談論，諦歎曰：吾遊國多矣，罕值斯人。仍停豫都，為翻新金光明，并惟識論，及涅槃、中、百句、長解脱、十四音等。

警韶在豫章與真諦譯經。

時沙門智顗，定慧難踰，人神頗測，静歎精利，事等夙成。

智顗。

（陳）鍾山耆闍寺釋安廩傳六

〔安廩〕並聽嵩高少林寺光公十地，一聞領解，頓盡言前。深味名象，並畢中意。

聽講十地論。慧光道南之學。

（陳）攝山栖霞寺釋慧布傳七

至於洞達清玄，妙知論旨者，皆無與尚，時號之為得意布，或云思玄布也。故詮之解難，聽者似解，而領悟猶迷。及依言願通，而構難疎略，致使談論之際每有客問，必待布而為答。時人為之語曰：詮公四友，所謂四句朗、領語辯、文章勇、得意布。布稱得意，最為高也。後於大品善達章中悟解大乘，煩惱調順，攝心奉律，威儀無玷，常樂坐禪。遠離囂擾，誓不講説，護持為務。

鳩摩羅什譯摩訶般若波羅蜜經二十四善達品第七十九：「行如芭蕉，葉葉除卻，不得堅實。」此曇倫剥葱之喻所由出。壇經以菩提樹喻身，妄矣。此禪觀法慧布修之，有得可知。

玄奘譯大般若波羅蜜多經卷四百七十二第二分善達品第七十七之二：「善現云何菩薩摩訶薩行

深般若波羅蜜多時，如實知行相，謂菩薩摩訶薩行深般若波羅蜜多時，如實知行，如芭蕉樹，葉葉析除，實不可得，是名菩薩摩訶薩行深般若波羅蜜多時如實知行相。」

末遊北鄴，更涉未聞，於可禪師所，暫通名見，便以言悟其意。可曰：法師所述，可謂破我除見，莫過此也。乃縱心講席，備見宗領，周覽文義，並具胸襟。

與禪宗二祖之關係。

又寫章疏六馱，負還江表，並遺朗公，令其講說。因有遺漏，重往齊國，廣寫所闕，賫還付朗，自無一畜，衣鉢而已。專修念慧，獨止松林，蕭然世表，學者欣慕。

不著語言文字之禪。

嘗造思禪師，與論大義。連徹日夜，不覺食息。理致彌密，言勢不止。思以鐵如意打案曰：萬里空矣，無此智者！坐中千餘人同聲歎悅。

與天台宗似亦有緣。見本書廿一慧思傳「南北禪宗，罕不承緒」之語。

又與邈禪師論義，即命公之師也。聯緜往還，三日不絕。邈止之，歎其慧悟遐舉，而卑身節行，不顯其美。

參閱本書二十一慧命傳。

或見諸人樂生西方者，告云：方土乃淨，非吾願也。如今所願，化度衆生。如何在蓮華中十劫受樂，未若三途處苦救濟也。

非淨土。道生佛無淨土論之遺教也。

陳至德中，邈引恭禪師，建立攝山栖霞寺。結淨練衆，江表所推。名德遠投，稟承論旨。時為開滯，理思幽微。不為僧師，不役下位。

參閱後本書十三保恭傳。

〔慧布〕以陳貞明元年十一月二十三日卒於栖霞。

禎明元年為西曆五百八十七年，逆數七十年，則為梁武帝天監十七年，西曆五百十八年也。

魏鄴下沙門釋道寵傳九

釋道寵，姓張，俗名為賓。高齊元魏之際，國學大儒雄安生者，連邦所重。時有李範、張賓，齊鑣安席，才藝所指，莫不歸宗。

道寵、僧範皆熊安生之門人。

魏宣武帝崇尚佛法。天竺梵僧菩提留支初翻十地，在紫極殿，勒那摩提在太極殿，各有禁衛，不許通言。校其所譯，恐有浮濫，始於永平元年，至四年方訖。及勘讎之，惟云：有不二不盡，那云：定不二不盡。一字為異，通共驚美，若奉聖心。寵承斯問，便詣流支，訪所深極，乃授十地，曲教三冬。

此偏據一派之言，於事理不合也。

一說云：初，勒那三藏教示三人：房、定二士，授其心法；慧光一人，偏教法律。菩提三藏惟教於寵。寵在道北，教牢宜四人。光在道南，教馮、範十人，故使洛下有南北二途。當現兩說，自斯始也。四宗、五宗，亦仍此起。今則闕矣，輒不繁云。

十地論宗。
道憑、僧範、曇遵、惠順、靈詢、法上、道慎、曇衍、馮袞、道雲、道暉、曇隱，皆光弟子。又安廩亦從慧光聽講十地經論。
四宗指大衍四宗之説，五宗指護身五宗之説耶？俟考。

卷第十　義解篇四

齊鄴東大覺寺釋僧範傳一

〔僧範〕後從輙光師而受道焉。

慧光弟子。僧範道南派也。

末歲年事既隆，身力不濟，猶依六時叩頭枕上。自有英悟之量，罕能繼者，而感通靈異，則事全難准云。

道宣復有律相感通傳之作，何也？

（齊）鄴中釋曇遵傳二

〔曇遵〕二十有三，情背朝官，復請光公以為師保。

慧光弟子。

（齊）鄴下總持寺釋惠順傳三

承都下有光律師者，廣涉大乘，文無不曉。〔惠順〕因往洛陽，時年二十有五，即投光而出家焉。

慧光弟子。

（齊）鄴西寶山寺釋道憑傳四

〔道憑〕聞光師宏揚戒本，因往聽之。涉悟大乘，深副情願。經停十載，聲聞漸高。乃辭光通法，弘化趙魏。傳燈之美，罕有斯焉。

慧光弟子。

據卷九道寵傳末所謂光（慧光）在道南，教馮、範十人。馮者馮衮。或謂馮與憑同，即指道憑，亦似可通。

（齊）并州僧統釋靈詢傳五

〔靈詢〕後棄小道，崇仰光公。曉夕研尋，十有餘載。纖旨秘教，備知通塞。

慧光弟子。

（齊）大統合水寺釋法上傳六

〔法上〕練形將盡而精神日進，乃投光師而受具焉。

慧光弟子。

撰增一數法四十卷，並略諸經論所有名教，始從一法，十百千萬，有若數林，實傳持之要術也。

法上之增一法數乃三藏法數之初祖。

又著佛性論二卷、大乘義章六卷。文理沖洽，詳略有聞。

大乘義章。

（齊）鄴下定國寺釋道慎傳七

釋道慎，姓史，高陽人。十四出家，誦聽依業。受具已後，入洛從光師學於地論。慧光弟子。

（周）潼州光興寺釋寶彖傳十

釋寶彖，姓趙氏，本安漢人。後居綿州昌隆之蘇溪焉。天性仁讓，慧心俊朗。嬰孩有異，二親欲試其度，以諸綵帛、花果、弓矢、書疏，羅置其前。彖便撥除餅果，上取書疏。衆共歎異，咸知必有成濟也。此晬盤之俗也。

齊洺州沙門釋曇衍傳十一

〔曇衍〕十八舉秀才，貢上鄴都。過聽光公法席，即稟歸戒。棄捨俗務，專功佛理。學流三載，績鄰前達。年二十三，投光出家，即為受戒。

慧光弟子。

陳楊都莊嚴寺釋惠榮傳十二

鄉邑二親哀其弱喪，數因行李寄以書信。榮得而焚之，顧諸友曰：余豈不懷乎？廢余業也。書中但二字耳，復何開乎？人問是何。答：吉凶也。如此積功三十餘載，不號義龍，誓無返迹。

參觀本書廿一智顗傳。

後與諸徒還歸故邑，其母尚在，餘並物故。乃喟然歎曰：十五辭鄉故，五十還故鄉。少年不識我，長老無一人！

絶玅好詞。

卷第十一　義解篇五

（隋）荊州龍泉寺釋羅雲傳三

〔羅〕雲年十六，甫在幼沖，鋭志前驅，問常無常義，而容色無撓。賓主綽然，衆咸嘉賞。朗乃以所服帔處衆贈之。自此名稱踰遠，所在傳之。

參觀西域記卷一梵衍那國商諾迦縛婆衣鉢條。又法顯傳（大正本八六五下）。此禪宗傳衣也。三論宗固先有其事矣。

時松滋有道士姓俞（抽祐切）者，學冠李宗，業該儒史。常講莊老，私用内經。雲命門人慧成、道勝曰：彼道士蜂飛蟻聚，掠牛盜法，情實難容。可傳吾旨，摧彼邪蹤。成等詣彼而坐。道士曰：人天交接，兩得相見。成曰：脱珍御服，著弊垢衣，習近窮迷，將開漸化。時以為名答。

僧叡改正法華「天見人，人見天」之語而為鳩摩羅什所贊賞者。

成前呼俞為先生。俞瞋曰：我非俗士，那詺我為先生？成曰：汝既諱喚先生，請除先字，還依舊姓，名曰俞生。所以句句之中常銜俞生。於是大衆欣笑無已。道士負慙折角。

道士稱先生，由來久矣。

俞字據上文音抽祐切，故俞生與畜生二字聲近，所以大衆以為笑樂也。

（隋）襄州龍泉寺釋慧哲傳五

〔慧哲〕屆於本邑，住城西望楚山光福禪房下龍泉寺，常以宏法為務，涅槃、三論，遞互相續。

道朗始弘涅槃，故慧哲遞講三論與涅槃也。

（隋）相州演空寺釋靈裕傳八

又製安民論、陶神論各十卷，勸信釋宗論、㲉卵成殺論、字本七卷。

㲉卵成殺事見慧皎高僧傳義解門支遁傳。

裕曰：經誥禪律，恐褻聖心。高僧一傳，即凡景行。輒以相酬，可謂神用耳。其人欣戴，賫傳還鄉。

殆皎公高僧傳或虞孝敬高僧傳耶？待考。

（隋）東都内慧日道場釋法論傳十三

〔法論〕即續叙名僧，將成卷袠，未就而卒，本遂不行。

當是續裴子野名僧傳，待考。

（隋）京師大興善道場釋僧粲傳十四

仁壽二年，文帝下敕置塔諸州。所司量遣大德，多非暮齒。粲欲開闡佛種，廣布皇風，躬率同倫洪遵律師等，參預使任。及將發京輦，面别帝庭，天子親授靈骨，慰問優渥。

攝山石塔憶是此時所頒舍利建立者。此及以下所言舍利事皆舍利瑞應記之文，最無謂。

卷第十二　義解篇六

隋彭城崇聖道場釋靖嵩傳一

及登冠受具，南遊漳輦，屬高齊之盛，佛教中興。都下大寺，略計四千。見住僧尼，僅將八萬。講席相拒，二百有餘。在衆常聽，出過一萬。

北齊佛教之盛如此。

俄屬周武屏除，釋門離潰，遂與同學法貴、靈侃等三百餘僧，自北徂南，達於江左。

北學南漸。

隋高廓清百越，文軌大同。開皇十年，敕僚庶等有樂出家者並聽。時新度之僧乃有五十餘萬，爰初沐化，未曰知津。嵩與靈侃等二百許僧，聞機乘濟，俱還江北。行達餘方，盛開講肆。上柱國徐州總管乞符令和率其所部，同延住前京兆王寺，具狀聞奏。有敕給額，為崇聖寺焉。

於是常轉法輪，江淮通潤。遂使化移河北，相繼趨途，望氣相奔，俱諮攝論。嵩學資真諦，義實天親，思逸言前，韻高傳後，大乘極旨，於是乎通。

自南傳受真諦之學，傳化於徐州，而漸流播於北地。「餘方」殆「徐方」之誤，俟檢他本校之。

（隋）丹陽攝山釋慧曠傳五

〔慧曠〕乃與宗愷、准韻諸師，俱值真諦。受攝大乘、惟識等論，金鼓、光明等經。俄而真諦涅槃，法朋彫徙，乃共同學僧宗俱棲匡岫，分時敷説，法化彌隆。

真諦門下慧曠等。

（隋）西京禪定道場釋智凝傳八 靈覺 道卓

初，凝傳法關東，無心京講。有明及法師者，攝論嘉名，宗績相師。凝當其緒，年事衰頓，仍令學士延凝。

或踪蹟之誤，俟考。

有道士靈覺、道卓，並蜀土名僧，依承慧解，擅迹京室。晚還益部，宏贊厥宗，故岷絡攝論由之而長矣。

攝論入蜀。

（隋）西京大興善道場釋僧曇傳十一

〔僧曇〕以高齊之季，結友西行。前達葱山，會諸梗澀。路既不通，乃旋京輦。梵言音字，並通詁訓。開皇十年敕召翻譯，事如別傳。

北齊之季，僧曇結友西遊，至葱嶺，以道阻而歸。以通梵文，從事翻譯。

（隋）西京勝光道場釋法瓚傳十三

仁壽置塔，敕令送舍利於齊州泰山神通寺，即南燕主慕容德為僧朗禪師之所立也。

敦煌寫本普賢菩薩證明經有太山僧朗之名，與杯度、及月光童子等並稱。

（隋）西京光明道場釋慧最傳十五

〔慧最〕周滅齊日，南奔江表。復習慧門，頗通餘論。且自北僧在陳，多乖時俗，惟最機權內動，不墜風流，多為南方周旋膠漆。

當是靖嵩傳所言自北徂南三百餘僧之一。

卷第十三　義解篇七

(隋)西京日嚴道場釋智矩傳二　慧感　慧賾

門人慧感、慧賾，親承嘉誨，詢處有歸。後於江之左右，所在通化，各領門侶，衆出百人。傳嗣宗勣，不爽遺緒。

八瓊室金石補正卷四十有慧賾塔記，未知是否即此人。塔立於垂拱四年，云：昔有慧賾禪師，在此山門，住持五十餘載。但塔在山東，疑非此慧賾也。

日本傳有隋磧法師三論遊意義一卷。又普通作碩法師。

(隋)西京日嚴道場釋辯義傳四

屬齊歷云季，周喪道津，乃南達建業，傳宏小論。屢移聲價，更隆中土。

當是與靖嵩、法貴等三百餘僧南遷之一。

(隋)西京日嚴道場釋明舜傳五

值法滅南投，居於建業。栖止無定，周流講席。後過江北，住安樂寺。

亦北僧南奔江左之一。

(唐)京師慈門寺釋普曠傳九

〔普曠〕復任岐山從事，奉遵舊約，不黷情染。衣故氈裝，倨傲臨官。鬀髮留鬢，頭戴紗帽。纓其咽頷，用為常軌。

和尚喬裝，可笑。

(唐)京師大莊嚴寺釋保恭傳十

陳至德初，攝山慧布北鄴初還，欲問禪府，苦相邀請，建立清徒。恭揖慧布聲，便之此任，樹立綱位，引接禪宗。故得栖霞一寺，道風不墜。至今稱之，詠歌不絕。恭又從布聽採三論，善會玄言，於前諸疑，都並消釋。及布之亡，委以徒衆。既承付囑，率誘如初。

此文乃三論宗與禪宗關係之一節史實。參觀本書九慧布傳。

(唐)京師大興善寺釋法侃傳十一

屬齊歷不緒，周湮法教，南度江陰，栖遲建業。聽採新異，鎣飾心神，攝慮緣求，擬諸漆木。陳平之後，北止江都安樂寺。有曹毗者，清信士也，明解攝論，真諦親承。侃乃三業歸從，文義請決。即開融勝相，覆叙所聞。毗自聽之，恐有遺逸。侃每於隱義發明鋪示，既允愜當，毗皆合掌稱善。

北僧南奔而採取新説者。

(唐)京師延興寺釋吉藏傳十二

時沙門僧粲，自號三國論師，雄辯河傾，吐言折角。

僧粲。

初，藏年位息慈，英名馳譽。冠成之後，榮扇逾遠。貌像西梵，言實東華。

與康僧淵相似。

卷第十四　義解篇八

（隋）終南山龍池道場釋道判傳四

〔道判〕西度石磧千五百里，四顧茫然，絕無水草。乘飢急行，止經七夕，便至高昌國。是小蕃，附庸突厥。又請國書，至西面可寒所（此云天子治也）。

道判到西突厥可汗庭。

開皇七年，敕遣度支侍郎李世師將天竺醫工，就造精舍，常擬供奉。

隋文帝與天竺醫工。

唐京師淨影寺釋善胄傳九

齊破投陳，奔造非數。年屬薦餒，告乞是難。

此亦奔陳僧衆之一。

卷第十五　義解篇九

（唐）京師普光寺釋道岳傳十

有九江道尼者，創宏攝論，海内知名。以開皇十年，至自揚都，來化京輦。親承真諦，業寄傳芳。岳因從受法，日登深解。

此傳於中國佛教史極有關係。又西域記筆受之辯機亦道岳弟子也。

又至二年，以三藏本疏文句繁多，學人研究難用詳覽，遂以真諦為本，餘則錯綜成篇。十有餘年，方勒成部。合二十二卷，減於本疏三分之二。並使周統文旨，字去意留，兼著十八部論疏。

道岳之删節真諦俱舍論疏及自著十八部論疏。

卷第十六　義解篇十

(唐)越州嘉祥寺釋智凱傳十四

至二十年七月二十八日，依常登座，手執如意，默然不語。

智凱手執如意。

(第五册封面)

十七：法敏、明公。

達磨，十九。

僧可，十九。

慧勝，十九，達磨提婆。

僧副，十九。

卷第十七　義解篇十一

唐越州静林寺釋法敏傳一

初，朗公將化，通召門人，言在後事。令自舉處，皆不中意，以所舉者並門學有聲，言令目屬。朗曰：如吾所舉，乃明公乎？徒侶將千，召明非一，皆曰：義旨所擬，未知何者明耶？朗曰：吾座之東柱下明也。明居此席，不移八載，口無談述，身無妄涉。衆目癡明，既有此告，莫不迴惑，私議法師他力扶矣。朗曰：吾舉明公，必駭衆意。法教無私，不容瑕隱。令就法座，對衆叙之。明性謙退，泣涕固讓。朗曰：明公來，吾意決矣。為静衆口，聊舉其致。令少年捧就傳坐，告曰：大衆聽。今問論中十科深義，初未嘗言，而明已解，可一一叙之。既叙之後，大衆愜伏，皆慚謝於輕懱矣。即日辭朗，領門人入茅山。終身不出，常宏此論。故興皇之宗，或舉山門之致者是也。

明公故事即後來禪宗六祖受密傳於五祖説所摹倣。

唐均正大乘四論玄義卷五第十九頁甲下，第廿一頁乙上，卷六第四十頁甲下，皆引山門之説。據日本凝然之雲雨鈔，慧均即均正，乃法朗弟子。

卷第十八

（唐）京師慈恩寺釋義褒傳十五

〔義褒〕初從蘇州永定寺小明法師，稟學華嚴大品，其即有陳興皇朗公之後嗣也。專經强對，亦當時之僧傑也。

三論宗傳統。

〔李〕榮既被難不能報，浪嘲云：既喚我為先生，汝便成我弟子。褒曰：對聖言論，申明邪正，用簡帝心。芻蕘嘲謔，塵黷天聽。雖然無言不酬，聊以相答。我為佛之弟子，由以事佛為師。汝既稱為先生，則應先道而生，汝則斯為道祖。於時忸怩無對。

元人稱道士為先生，即就其自稱之詞而名之。其來已久，不自唐始也。

卷第十九　習禪初

梁鍾山定林寺釋僧副傳一

有達磨禪師，善明觀行，循擾巖穴，言問深博，遂從而出家。義無再問，一貫懷抱，尋端極緒，為定學宗焉。後乃周歷講座，備嘗經論，並知學唯為己，聖人無言。齊建武年南遊楊輦，止於鍾山定林下寺。

不久，卒於開善寺，春秋六十有一，即普通五年也。

此與三論宗之慧布。齊明帝建武凡四年，即四九四至四九七年。梁武帝普通凡七年，自五二〇至五二六年。普通五年為五二四年，距建武四年共計二十七年，建武元年共三十年之久。疑此達磨不必即是菩提達磨，而是慧勝所從學之達磨提婆也。俟考。

（梁）鍾山延賢寺釋慧勝傳二

〔慧勝〕從外國禪師達磨提婆學諸觀行。一入寂定，周晨乃起。彭城劉績出守南海，聞風遣請，攜與同歸，因住幽棲寺。韶明秘彩，常示如愚。久處者重之，禪學者敬美。幽棲寺中，絶無食調，唯資分衛，大遵清儉。永明五年，移憩鍾山延賢精舍，自少及老，心貞正焉。以天監年中卒，春秋七十。

此亦一達磨禪師，且在南海。

「績」，宋、麗本作「繢」，即南齊書四十八，南史三十九之劉繪也。此據明本，誤。

南齊書四十八劉繪傳：「服闋，為寧朔將軍晉安王征北長史，南東海太守，行南徐州事。及梁王義師起」云。南齊書七東昏侯本紀：「永元二年十二月，雍州刺史梁王起義兵。戊寅，以冠軍長史劉繪為雍州刺史。」其上文云：「高宗即位，遷太子中庶子出為寧朔將軍撫軍長史，安陸寶晊為湘州，以繪為冠軍長史長沙內史，行湘州事。遭母喪，去官，持喪墓下三年，服闋」云云。

又南齊書七明帝紀：「建武元年冬十月乙巳，以安陸侯子寶晊為湘州刺史。」

據此，則建武元年冬十月至永元二年十二月，其間約有六年之久，除去母喪三年，則慧勝之居在繪南海太守任內，其建武之末，永元之初乎？

齊武帝永明五年即四八七年，距宋順帝昇明二年即四七八年十年。

梁天監凡十八年，自五〇二至五一九年。

魏嵩岳少林寺天竺僧佛陀傳四

佛陀禪師，此云覺者，本天竺人。

即法華玄義十之佛馱三藏。蓋彼文與光統聯文，故知之。

四宗判教者。

〔佛陀〕感一善神，常隨影護，亦令設食而祠饗之。後報欲終，在房門之壁手畫神像，於今尚存。

印度人自畫壁畫。

齊鄴下南天竺僧菩提達磨傳五

〔菩提達磨〕初達宋境南越，末又北度至魏，隨其所止，誨以禪教。

歷代法寶記言：神秀弟子淨覺以求那跋陀為初祖。按慧皎高僧傳，求那跋陀羅卒於宋明帝泰始元年即四六五年，距齊建武元年四九四年共三十年。永寧寺，魏熙平元年、梁天監十五年即五一六年所建，至魏永熙三年，即梁武中大通六年，西曆五三四年火焚。

高僧傳卷十二（金陵本）習禪篇宋京師中興寺釋慧覽傳：「少與玄高俱以寂觀見稱。覽曾遊西域，頂戴佛鉢，仍於罽賓從達磨比丘咨受禪要。達摩曾入定，往兜率天，從彌勒受菩薩戒，後以戒法授覽。宋大明中卒，春秋六十餘矣。」

道宣大唐内典録四後魏元氏録：「大涅槃論一卷，右檢唐前録云：達摩菩提譯，不顯帝代，疑，故附此。」智昇開元録卷六，魏元氏録著此書，即本内典録。注云：「復有涅槃論三（二）卷，亦題達摩菩提譯，乃釋前論，疑是人造也。」此論最早見於静泰大唐東京大敬愛寺經目，實則其本曇無讖本，以後無一字道及，且依南本，其為僞作可知。由是可推其譯者之名亦僞造也。

又本書卷一法泰傳：「有跋摩利三藏弟子惠智者，晚隨使劉璋至南海，護涅槃論。〔智〕敷曾講斯經，欣其本習，伏膺請求，便為開説，止得序分、種性分、前十三章玄義。後敷又與璣法師隨從，因復為説第三分，具得十海十道及進餘文。」此科文殆與達磨菩提涅槃論合，或即開元録中之二（三）卷之釋論耶？俟考。

達順風静，冥順於法也。

敦煌本楞伽師資記作「喜風不動，冥順於道」。

（齊）鄴中釋僧可傳六

〔僧可〕玄籍遐覽，未始經心。後以天平之初，北就新鄴，盛開秘苑。滯文之徒，是非紛舉。

天平為東魏孝靜帝年號，其元年當西曆五三四年，南朝梁武帝中大通六年。

此傳無安心事，可注意。

遂流離鄴衛，亟展寒温。道竟幽而且玄，故末緒卒無榮嗣。

禪宗二祖傳三祖之説與此不合。

〔僧可〕其發言入理，未加鉛墨。時或纘之，乃成部類，具如別卷。時復有化公、廖公、和禪師等，各通冠玄奧，吐言清迥，託事寄懷。聞諸口實，而人世非遠，碑記罕聞。微言不傳，清德誰序？深可痛矣。時有林法師，在鄴盛講勝鬘，并制文義。每講人聚，乃選通三部經者，得七百人，預在其席。及周滅法，與可同學，共護經像。

達磨┬慧可——那禪師——慧滿
　　└道育

林法師

向居士

化公

廖公

本書卷一真諦傳、法泰傳：智敫得「曇林解涅槃疏」。疑是指此，蓋曇林與達磨菩提之涅槃論有關。今傳燈録卷三僧粲從慧可得心傳條（大正本二二二〇下）：師乃告曰：菩提達磨。注：「舊本云達磨菩提」七字惟明本無之。可知作偽者最初或即以達磨菩提與菩提達磨為一人也。以梵文論，達磨一語居前似較妥也。

初，達磨禪師以四卷棱伽授可曰：我觀漢地，唯有此經，仁者依行，自得度世。可專附玄理，如前所陳。遭賊斫臂，以法御心，不覺痛苦。火燒斫處，血斷帛裹，乞食如故，曾不告人。後林又被賊斫其臂，叫號通夕。可為治裹，乞食供林。林怪可手不便，怒之。可曰：餅食在前，何不可裹？林曰：我無臂也，可不知耶？可曰：我亦無臂，復何可怒。因相委問，方知有功。故世云無臂林矣。

此依託支婁迦讖譯雜譬喻經第二故事，本非史實。林間録知其不可信，而不知其出處。此文云：

「有人得定者，弟子呼之飯，不覺。因前牽其臂，臂申長丈餘。弟子怖，便取結之。意恐結不可復，解之。禪師寤，苦臂痛。問弟子，白如是。師言：汝不解寤，我折我臂。人得定意，柔軟如綿，在母腹中亦爾。」

三慧經（失譯，道安録涼土異譯）亦有此故事，與雜譬喻經同。

楞伽師資記：「第三齊朝鄴中沙門慧可又云：吾本發心，時截一臂。從初夜雪中立，直五更，不覺雪過於膝，以求無上道。」

契嵩鐔津文集十三評唐續僧傳可禪（祖）事云：「余考法琳碑曰，師乃立雪數霄，斷臂碎身，營求開示（亦曰投地碎身，顧（願？）其開示）。然為僧傳者，與琳同時，琳之說與禪書合而宣反之，豈非采聽之未至乎？抑亦從邪說而妄非之乎？故其書不足為評（亦云不可憑，亦云不在詳評，然各有旨也）。」

每可說法竟，曰：此經四世之後，變成名相，一何可悲。

參觀本書卷卅五感通篇法沖傳。

(齊)林慮山洪谷寺釋僧達傳七

〔僧達〕後聽光師十地，發明幽旨，遂從受菩薩戒焉。

慧光弟子。

(齊)鄴西龍山雲門寺釋僧稠傳八

初，從道房禪師受行止觀，房即跋陀之神足也。

「跋」當是「佛」，謂佛陀禪師也。然此及後文俱稱跋陀，蓋誤以為佛陀跋陀羅耳。

天保三年，又敕於鄴城西南八十里龍山之陽，為構精舍，名雲門寺，請以居之，兼為石窟大寺主。

宣(録者注：當作齊。)文宣帝天保三年乃梁元帝承聖元年，西曆五五二年。

據以齊乾明元年四月十三日辰時，絶無患惱，端坐卒於山寺，春秋八十有一，五十夏矣。

齊廢帝乾明元年，陳文帝天嘉元年，西曆五六〇年。

（第六册封面）

法藏，二十三，鮮卑語。

卷第二十一　習禪篇之二

周河陽仙城山善光寺釋慧命傳一

〔慧命〕懼失正理，通訪德人。故首自江南，終於河北，遇思、邈兩師，方祛所滯。

參閲本書卷九慧布傳。

初，命與慧思定業是同。讚激衡楚，詞采高掞，命實過之。

慧命文采高於慧思。

止觀輔行傳一之一：「〔慧思〕昔未識文，自然了解。」

隋南嶽衡山釋慧思傳二

〔慧思〕又夢隨從彌勒，與諸眷屬同會龍華，心自惟曰：我於釋迦末法受持法華，今值慈尊。感傷悲泣，豁然覺悟。轉復精進，靈瑞重沓。瓶水常滿，供養嚴備，若有天童侍衛之者。因讀妙勝定經，歎禪功德，便爾發心，修尋定支。時禪師慧文聚徒數百，衆法清肅。道俗高尚，乃往歸依，從受正法。

南嶽諸法無諍三昧法門上：「如禪定論中說，三乘一切智慧皆從禪生。般若論中亦有此語。」

止觀輔行傳弘決卷六之三：準諸目録，皆推此經（清淨法行經）以為疑偽。文義既正，或是失譯。乃至今家所引像法決疑、妙勝定等意亦如是。

摩訶止觀一上：「文師用心，一依釋論。」

章安（録者注：筆誤，應為荆谿）輔行傳弘決一之一：「第七諱文，多用覺心，重觀三昧，滅盡三昧，無間三昧，於一切法心無差別。」

霍爾開悟，法華三昧，大乘法門。一念明達，十六特勝，背捨陰入，便自通徹，不由他悟。後往鑒、最等師，述已所證，皆蒙隨喜。

荊谿止觀輔行傳弘決第一之一：「第四諱就，多用寂心。第五諱鑒，多用了心，能觀一如。」

以齊武平之初，背此嵩陽，領徒南逝，高騖前賢，以希栖隱。初至光州，值梁孝元傾覆國亂，前路梗塞，權止大蘇山。

武平元年即陳宣帝太建二年，西曆五七〇，梁孝元傾覆，西曆五五四年，已逾十五年，必有訛舛。案南嶽思大師立誓願文：「太歲在乙未十一月十一日於大魏國南豫州汝陽郡武津縣生。」「年四十，在光州開岳寺，講摩訶衍般若波羅蜜經一遍。」「至年四十一，在光州境大蘇山中講摩訶衍義一遍。」則慧思生於魏宣武帝延昌四年，即西曆五一五年。年四十為梁元帝承聖三年，即西曆五五四，適值江陵之陷。故道宣所記有譌，而思大師立誓願文轉為可信而非偽造之一證也。

又以道俗福施，造金字般若二十七卷，金字法華，瑠璃寶函。莊嚴炫曜，功德傑異，大發衆心。

又請講二經，即而敘構，隨文造盡，莫非幽賾。

參閱思大師發願誓文。

自江東佛法，宏重義門，至於禪法，蓋蔑如也。而思慨斯南服，定慧雙開，晝談理義，夜便思擇。故所發言，無非致遠。便驗因定發慧，此旨不虛。南北禪宗，罕不承緒。

慧思以北方禪學南化江左。

南禪宗事參考本書卷九慧布傳「造思禪師，與論大義」之文。

至如繒纊皮革，多由損生，故其徒屬服章，率加以布。寒則艾納，用犯風霜。自佛法東流，幾六百載，唯斯南嶽，慈行可歸。余嘗參傳譯，屢覩梵經。討問所被法衣，至今都無蠶服，縱加受法，不云得成。故知若乞若得蠶綿作衣，准律結科，斬捨定矣。

可知當時僧侶服用絲帛者多。

（隋）國師智者天台山國清寺釋智顗傳三

〔智顗〕眼有重瞳，二親藏掩，而人已知。

據傳說，舜、項籍、智顗、顧炎武皆重瞳。

又詣光州大蘇山慧思禪師，受業心觀。思又從道於就師，就又受法於最師。此三人者，皆不測其位也。

此即止觀輔行之第四諱就，多用寂心者。

顗乃於此山行法華三昧。始經三夕，誦至藥王品「心緣苦行，至是真精進」句，解悟便發，見共思師處靈鷲山七寶淨土，聽佛説法。故思云：非爾弗感，非我莫識，此法華三昧前方便也。又入熙州白沙山，如前入觀。於經有疑，輒見思來冥為披釋。爾後常令代講，聞者伏之。唯於三三昧、三觀智用以諮審，自餘並任裁解，曾不留意。

此處道宣删去章安天台傳所載與慧邈辯論及見夢事。

長干寺大德智辯，延入宗熙。天宮寺僧晃，請居佛窟。斯由道宏行感，故為時彥齊迎。

章安天台傳有慧辯、僧晃請捨講習禪事，道宣此傳删去。本書法朗傳云：「辯住長干。」然則天台傳之慧辯即法朗傳之玄辯也。凡僧名如法、智可相通，玄、慧亦相易。其例頗多，非獨此也。

禹穴慧榮，住莊嚴寺，道跨吳會，世稱義虎，辯號懸流。聞顗講法，故來設問。數關徵覈，莫非深隱。輕誕自矜，揚眉舞扇，扇便墮地。顗應對事理，渙然清顯，譴榮曰：禪定之力不可難也。時沙門法歲撫榮背曰：從來義龍，今成伏鹿。扇既墮地，何以遮羞？

義虎。

義龍。

國清百録二載晉王重請義書第五十：「榮公强口，先被折角。」

此隋煬所謂折角。

灌頂天台智者法師傳此處有法朗遣弟子與之論難事，道宣此傳刪去不載，可注意。

〔陳主〕頻降敕於太極殿講仁王經。天子親臨。僧正慧晅、僧都慧曠，京師大德，皆設巨難。

宋世道生之新説亦引起「巨難」也。

末為靈耀褊隘，更求閑静。忽夢一人，翼從嚴正，自稱名云：余冠達也，請住三橋。顗曰：冠達，梁武法名，三橋豈非光宅耶？乃移居之。

梁武法名冠達。

及金陵敗覆，策仗荆湘，路次盆城，夢老僧曰：陶侃瑞像，敬屈護持。於即往憩匡山，見遠圖續，驗其靈也。

陶侃瑞像。

即於內第躬傳戒香，授律儀法，告曰：大王為度，遠濟為宗，名實相符，義非輕約，今可法名為總持也，用攝相兼之道也。

隋煬帝法名總持。

（隋）京師清禪寺釋曇崇傳五

〔曇崇〕遂從開禪師而從依止。逮於受戒，志逾清厲。遂學僧祇，十有餘遍。依而講解，聽徒三百，京輔律要，此而為宗。

曇崇為僧祇律宗師。

卷第二十二　習禪三

隋西京禪定道場釋曇遷傳一

〔曇遷〕遂竄形林慮山黄花谷中淨國寺，蔬素覃思，委身以道。有來請問，乍為宏宣。研精華嚴、十地、維摩、楞伽、地持、起信等，咸就其深賾，當尋唯識論。

曇遷在北已研精起信論矣。

逮周武平齊，佛法頹毁，將欲保道存戒，逃跡金陵。

曇遷北僧渡江之一。

因至桂州刺史蔣君之宅，獲攝大乘論，以為全如意珠。雖先講唯識，薄究通宗，至於思搆幽微，有所流滯。今大部斯洞，文旨宛然，將欲宏演未聞，被之家國。

傳真諦之學者。

登石頭岸，入舟動檝，忽風浪騰涌，衆人無計。遷獨正想不移，捧持攝論，告江神曰：今欲以大法開彼未悟，若北土無運，命也如何！必應聞大教，請停風浪，冀傳法之功，冥寄有屬。言訖，須臾恬静，安流達岸。時人以為此論譯於南國，護國之神不許他境，事同迦延之出罽賓，為羅刹之稽留也。

見真諦譯婆藪槃豆法師傳。

進達彭城，新舊交集，遠近欣赴，鬱為大衆。有一檀越，捨宅栖之，遂目所住為慕聖寺。始宏攝論，又講楞伽、起信、如實等論，相繼不絶。攝論北土創開，自此為始。

曇遷創開攝論於北土。

（隋）蒲州栖巖道場釋真慧傳三

釋真慧，陝州河北人。姓陳氏。河北諸陳，代稱冠族，遠稱漢右相陳平，中云魏向侯陳涉，乃至江表陳代，並出此鄉。

陳覇先出陝州河北陳氏。

（隋）西京禪定道場釋慧瓚傳四

周武誅翦，避地南陳。

北僧避難渡江之一，慧瓚。

（隋）益州響應山道場釋法進傳六

〔法進〕後於定法師所受十戒，恭謹精誠，謙恪為務，唯業作禪。寺後竹林常於彼坐，有四老虎，繞於左右。

老虎。

（隋）澤州羊頭山釋道舜傳八

〔道舜〕嘗止澤州羊頭山，神農定藥之所。

澤州羊頭山為神農定藥之所。

（隋）西京慈門道場釋本濟傳十一 善智

會信行禪師創開異部，包括先達，啓則後賢。濟聞歌詠欣然，北面承部，瀉瓶非喻，合契無差。……有弟善智……以大業三年卒，弟子等附葬於信行墓之右焉。

本濟、善智等皆儒行三階教徒。

卷第二十三　習禪四

（唐）終南山紫蓋沙門釋法藏傳五

天和四年，誕育皇子，詔選明德至醴泉宫。時當此數。武帝躬趨殿下，口號鮮卑問訊。衆僧兀然，無人對者。藏在末行，出衆獨立，作鮮卑語答。殿庭僚衆，咸喜斯酬。敕語百官：道人身小心大，獨超羣友，報朕此言，可非健道人耶？

以鮮卑語答周武帝。法藏，潁陰人，亦能鮮卑語。魏書一百三匈奴宇文莫槐傳：出於遼東塞外，其先南單于遠屬也，世為東部大人，其語與鮮卑頗異。

寅恪案：法藏，潁川人，所習必與北魏、高齊時之鮮卑語同，而武帝能通解，則所異亦不甚大也。顏氏家訓教子篇。隋書三二經部小學類。日知録二九國語條。魏書九一晁崇傳。北齊書二十斛律羌舉傳附劉世清。北史九九突厥傳惠琳化可汗事。魏書十三皇后傳宣武靈皇后胡氏傳（北史十三皇后傳上）。北齊二一高昂傳，二四孫搴傳，三九祖珽傳，十四高歸彦傳。周書廿六長孫儉傳。

（唐）京師化度寺釋僧邕傳九

有魏州信行禪師，深明佛法，命世異人，以道隱之辰，習當根之業。知邕遯世幽居，遣人告曰：修道立行，宜以濟度為先，獨善其身，非所聞也。宜盡宏益之方，昭示流俗。乃出山與行相遇，同修正節。

僧邕乃信行同道，三階教徒也。

開皇九年，行被召入京，乃與邕同來止帝城，道俗莫非遵奉。及行亡歿世，綱總領徒衆，甚有住持之功。

此處疑有奪字。

卷第二十四　習禪五

(唐)京師宏法寺釋静琳傳四

嘗在講會,俗士三人,謀害一怨。兩人往殺,其一中悔,從琳受戒。歲祀經久,並從物故,而受戒者忽死心暖。及從醒寤,備見昔怨及同謀者論告殺事。其受戒人稱枉不伏,引琳為證。王即召追證,便有告琳生他方金粟世界。

金粟世界内典無出處,必當時流行之説也。

(第七册封面)

曇倫,二十五

卷第二十五　習禪六

（唐）京師大莊嚴寺釋曇倫傳二

〔曇倫〕十三出家，住修福寺，依端禪師。然端學次第觀，便誡倫曰：汝繫心鼻端，可得静也。倫曰：若見有心，可繫鼻端。本來不見心相，不知何所繫也？

毘婆沙論百八十三次第觀蘊處界之義。

天台有釋禪波羅蜜次第法門。

端禪師或是本書卷二十二之静端，俟考。或本書三十五法沖傳之端禪師。

後送鉢上堂，未至中路，卓然入定，持鉢不傾。師大深賞，異時告曰：令汝學坐，先淨昏情，猶如剥葱，一一重重剥卻，然後得淨。倫曰：若見有葱，可有剥削。本來無葱，何所剥也？

大品二十四善達品云：「知行相者，觀行如芭蕉，葉葉除卻，不得堅實。是為知行相。」又見本書第九慧布傳。

此慧能偈所自出。其實六祖偈只一半，上半無着落，後人不知其不通也。

玄奘譯大般若四七二第二分善達品第七十七之二謂：「菩薩摩訶薩行深般若波羅蜜多時，如實知行。如芭蕉樹，葉葉析除，實不可得，是名菩薩摩訶薩行深般若波羅蜜多時如實知行相。」

放光般若二十三卷(録者注：當為卷十五。)六度相攝品第六十九：「佛言：觀菩薩行禪，觀色如聚沫，觀痛如泡，觀想如野馬，觀所作行如芭蕉，觀識如幻。」芭蕉非北方常見植物，故易以常見之葱，以比身之不堅固。若壇經以身比菩提樹，真不通矣。

卷第二十六　習禪六之餘

(唐)潤州牛頭沙門釋法融傳十六

又往丹陽南牛頭山佛窟寺，現有辟支佛窟，因得名焉。有七藏經書，一佛經，二道書，三佛經史，四俗經史，五醫方圖符。昔宋初有劉司空造寺，其家巨富，用訪寫之，永鎮山寺，相傳守護。達於貞觀十九年夏旱失火，延燒五十餘里，二十餘寺，并此七藏，並同煨燼。

牛頭山佛窟寺七藏，自宋寫藏，貞觀十九年夏焚。

（唐）蘄州雙峰山釋道信傳十九

又有二僧，莫知何來，入舒州皖公山靜修禪業。聞而往赴，便蒙授法。隨逐依學，遂經十年。師往羅浮，不許相逐，但於後住，必大宏益。

此禪宗四祖傳，不言其從僧璨受法事。但傳燈録載禪宗舊傳，以為僧璨隱於舒州之皖公山，或即就此傅會之，未可知也。

道宣於慧可傳後歷叙可之宗系至慧滿，而不（録者注：此處似宜補一「載」字。）僧璨。今傳燈録謂璨以白衣謁二祖，即慧可傳法，疑亦傅會。然杜詩已有璨可之句，可知其說亦甚早矣。

本書三十五法沖傳，楞伽傳授統系可禪師後有粲禪師，禪宗之三祖當即指此。

臨終，語弟子宏忍：可為吾造塔。

禪宗五祖與四祖之傳受蓋有根據。

至〔永徽〕三年，弟子宏忍等至塔開看，端坐如舊，即移往本處，於今若存。

禪宗五祖乃四祖高足，於此可徵。

習禪總論

有菩提達摩者，神化居宗，闡導江洛，大乘壁觀，功業最高。在世學流，歸仰如市。然而誦語難窮，厲精蓋少。審其慕□，則遺蕩之志存焉；觀其立言，則罪福之宗兩捨。

慕下似闕一字。

卷第二十七　明律上

齊鄴下大覺寺釋慧光傳三　馮居士

先是四方未廣宣通，有道覆律師創開此部，製疏六卷，但是科文。至於提舉宏宗，無聞於世。

「方」字疑是「分」字之誤。

故經云：常為心師，不師於心。八歲能誦，百歲不行，不救急也。時有私寫其言者，世號捧心論焉。

馮衮捧心論。

(齊)鄴東大衍寺釋曇隱傳四

〔曇隱〕後從光公，更採精要，陶染變通，遂為光部之大弟子也。

慧光弟子，四宗之說乃其所主張。

(陳)楊都奉誠寺大律都釋智文傳六

屬梁末禍難，乃避地於閩下，復光嶺表。時僧宗法準，知名後進，皆執卷請益。又與真諦同止晉安，故得講譯都會，交映法門。

智文與真諦同止晉安。

隋并州大興國寺釋法願傳七

自東夏所傳四部律本，並製義疏，妙會異同。當有齊之盛，律徒雲舉。法正一部，各競前驅。

雲公創叙綱模，暉上删其纖芥。

道雲、道暉。

法願霜情啓旦，孤映羣篇，挫拉言前，流威滅後。所以履歷談對，衆皆杜詞，故得立破衆家，百有餘計，並莫敢當其鋒鋭也。時以其憉悖罕敵，號之為律虎焉。

律虎。

斯亦貞梗之嚴令也。太為剋削，未是倫通。至今此郡猶多滯結云。

「郡」疑「部」之譌。

（隋）京師大興善寺釋靈藏傳八

（靈）藏以朝寄唯重，佛法攸憑，乃擇京都中會，路均近遠，於遵善坊天衢之左而置寺焉。今之大興善也。

大興善寺乃靈藏所創。

(隋)西京大興善寺釋洪遵傳十一

齊主既敞教門，言承付囑，五衆有墜憲網者，皆據内律治之。以遵學聲早舉，策授為斷事沙門。

所謂 Canon law 也。

先是關内素奉僧祇，習俗生(録者注： 寅恪先生在生字傍注一主字。)常，惡聞異學。乍講四分，人聽全希。還是東川，讚擊成務。遵欲廣流法味，理任權機，乃旦剖法華，晚揚法正。來為聞經，説為通律。屢停炎燠，漸致附宗。開導四分，一人而已。迄至於今，僧祇絶唱。

洪遵始於關中弘闡四分，以致後來大衆部漸衰，蓋律學東派之西侵也。

(唐)益州龍居寺釋惠詵傳十五

後以人請戒禁，行將諠擾，乃辭入龍居山寺，幽栖深阻，軌迹不通。延出辭疾，意欲登劒閣，廓清井絡。與詵書，令歸國化。

此處似有奪文。

卷第二十八　明律下

唐京師宏福寺釋智首傳一

大業之始，又追住大禪定道場，今所謂大總持寺是也。

大禪定道場即大總持寺。

皇上哀悼，下敕令百司供給，喪事所須，務令周備。自隋至唐，僧無國葬，創開模楷，時共重之。

智首國葬。

（唐）相州日光寺釋法礪傳三

末又往江南，遊覽十誦。

治十誦學者非往江南不可。

（唐）京師普光寺釋玄琬傳四

自周季滅法，隋朝再興，傳度法本，但存卷袠。至於尋檢文理，取會多乖。乃結義學沙門，讎勘正則，其有詞旨不通者，並諮而取決。故得法寶無濫於疑僞，迷悟有分於本末。綱領卓明，自琬始也。昔育王再集於周時，今琬定宗於唐世，彼此誠異，厥致齊焉。

玄琬校勘整理藏經。

（唐）京師普光寺釋慧滿傳六

昔周趙王治蜀，有道士造老君像，而以菩薩夾侍。僧以事聞，王乃判曰：菩薩已成不可壞，天尊宜進一階官。

天尊進官。

及駕巡東部，下敕李衆在前。滿集京僧二百人，詣闕陳諫。

道士在僧前。

（第八册封面）

道安傳附慧僞，三十，涅槃經

曇顯，三十。

曇無最　　三十，彈指

道　安

卷第二十九　明律下之餘

明律總論

今麟德二年，東都講説，師資導達，彌所欽羡焉。試為論曰：（下略）

此明律篇之總論，應提行。（録者注：陳於「彌所欽羡焉」後加「」，意即「試為論曰」應提行。）

但以時遭像季，法就澆漓，律部邪緣，宗仰繁矣。並由本尋學語，義旨誦文，搯紙籤述，題鞭記賞。有則依□（録者注：寅恪先生在此依字後補一□符號，以示疑有脱字），闕則絶言。

依下疑奪一字。

故是前聖開聽，遂有冒世輕生，漫行章句。飲杏湯者為清齋，畜錢寶者為小犯。

杏湯。

故經陳曰：種種法喻，咸存離著。律又迷云：常爾一心，念除諸蓋。

述。

卷第三十　護法上

東魏洛都融覺寺釋曇無最傳一

亦有見從鼓山東面而來，或於中路逢者，皆云往赴崇尊，聽僧説戒。如是數般節級，勘其年齒相扶，人數多少，恰滿六十焉。故知道會聖心，是使幽靈退降，竹林羣隱，明非妄承。

鼓山竹林寺。

最善宏敷導，妙達涅槃、華嚴。僧徒千人，常業無怠。天竺沙門菩提留支見而禮之，號為東土菩薩。嘗讀最之所撰大乘義章，每彈指唱善，翻為梵字。寄傳大夏，彼方讀者皆東向禮之為聖人矣。

菩提留支譯曇無最所著大乘義章為梵文，寄傳大夏。彈指。

齊逸沙門釋曇顯傳三

天保年中，釋李二門交競優劣。屬道士陸修靜妄加穿鑿，廣制齋儀，縻費極繁，意在王者遵奉。會梁武啓運，天監三年，下敕捨道。帝手制疏，文極周盡。修靜不勝其憤，遂與門人及邊境亡命，叛入北齊。又傾散金玉，贈諸貴遊，託以襟期，冀興道法。

陸修靜由梁亡入北齊。按蓮社高賢傳，修靜卒於宋明帝泰始三年，即北魏孝文帝天安三年（録者注：當為北魏獻文帝天安二年）。雲笈七籤陸傳謂卒於宋蒼梧王元徽五年，即北魏太和元年。皆在梁武天監三年之前。是知道宣此傳乃採摭神話，不足據明矣。

陸雖不能走北，或他道士誤以為陸，亦未可知。

須敕遠近，咸使知聞：其道士歸伏者，並付昭玄大統上法師度聽出家。廣如別傳所載。

此如雜譬喻經所記端正比丘十三歲事及西遊記車遲國事相似。道宣佛道論衡卷一第十事記此，即所謂別傳也。

周終南山避世峯釋静藹傳四

〔静藹〕與同伍遊寺，觀地獄圖變。

智昇開元録卷十云：「大慈恩寺翻經堂内壁畫，古今翻譯圖變。」可知圖變成一名詞。後來之「變」殆圖變之略稱耶？敦煌本壇經：「時大師（五祖）於此廊下供養，欲畫楞伽變，並畫五祖大師傳授衣法，流傳後代為記。」今本作楞伽經變相。

山本無水，須便飲澗。嘗於昏夕，學人侍立，忽降虎來前，跑地而去。及明觀之，漸見潤溼。乃使挑掘，飛泉通注。從是遂省下澗，須便挹酌。今錫谷避世堡虎跑泉是也。

虎跑二字，由來久矣。

有沙門智藏者，身相雄勇，智達有名。負糧二石，造山問道。因見橫枝格樹，戲自稱身。遇為藹見，初不訶止，三日已後，方召責云：腹中他食，何得輒戲？如此自養，名為兩足狗也。藏銜泣謝過，終不再納。

兩足狗。

藹知大法必滅，不勝其虐，乃攜其門人四十有餘，入終南山，東西造二十七寺，依巖附險，使逃逸之僧得存深信。

靜藹造二十七寺於終南山，收藏逃逸僧徒。

後厭身情迫，獨據別巖，勅侍者下山，明當早至。藹乃跏坐盤石，留一內衣，自條身肉，段段布於石上。引腸掛於松枝，五臟都皆外見。自餘筋肉，手足頭面，臠析都盡，並唯骨現。以刀割心捧之而卒。

靜藹解形。

〔周〕京師大中興寺釋道安傳五　慧僊　寶貴

時及中食，安命供設。帝將舉箸曰：弟子聞俗人不合僧食，法師如何以罪累人？

箸。

帝往南郊，文物大備，諸道俗同覩通衢。敕别及安，令觀天子鹵簿儀具。安答曰：陛下為民故出，貧道為法不出。帝聞，彈指歎善久之。

彈指。洛陽伽藍記四融覺寺條：〔菩提〕流支讀曇無最大乘義章，每彈指讚歎，唱言微妙。

〔慧僊〕生不學書，而耳餐取悟，一聞不忘，藏諸胸臆。流略儒釋，談如泉涌，攻擊關責，鋒鍔叢萃。曾於一日，安公正講涅槃，後命章設問，遂往還迄暮，竟不消文。明旦又問，構難精拔，安雖隨言即遣，而聽者謂無繼難。僊終援引文理，微並相雠。遂連三日，止論一義。後兩捨其致，方事解文。故使驚唱前修，預聞高揖。

慧僊不學書而善解大涅槃經，壇經述六祖事疑出此。

至天和四年，歲在己丑，三月十五日，敕召有德衆僧、名儒、道士、文武百官二千餘人於正殿，

帝昇御座，親量三教優劣廢立。

三教。

〔寶〕貴翫閱羣典，講律為務，見晉世支敏度合五家首楞嚴為一本八卷，又合三家維摩經為一本五卷，隋沙門僧就合四家大集為一本六十卷。貴乃合三家金光明為一本八卷。復請崛多三藏譯銀主陀羅尼及囑累品，足以成部。沙門彥琮重覆梵本，品部斯具焉。

晉支敏度首楞嚴經合本。

維摩經合本。

隋僧就大集經合本。

隋寶貴金光明經合本。

唐菩提流志大寶積經亦同此例，而規摹弘遠矣。

（隋）益州孝愛寺釋智炫傳八

時周齊之界，皆被槍布棘。彼有富姥姓張，鋪氈三十里，令炫得過至齊。

周齊邊界之阻隔。

武帝破鄴，先遣追求。帝弟越王，宿興法師厚善，恐帝肆怒，横加異責，乃鞭背成痕，俗服將見。

與。

卷第三十一　護法下

（唐）終南山智炬寺釋明瞻傳三

帝不屈其言，直遣舍人語僧：何為不拜？如此者五。黄中之族，連拜不已。唯瞻及僧長揖如故，兼抗聲對敘，曾無憚懾。

巾。

（唐）京師勝光寺釋慧乘傳四　道璋

〔大業〕十二年，於東都圖寫龜茲國檀像，舉高丈六，即是後秦羅什所負來者。屢感禎瑞，故用傳持。今在洛州淨土寺。

鳩摩羅什負來之檀像在洛州淨土寺。

〔道〕璋即乘之猶子也。少所恭奉，立性誠慤。偏能唄讚，清囀婉約，有勢於時。每為都講，亦隸倫則。京邑後附，多響其塵云。

道璋能唄讚。

（唐）京師大總持寺釋智實傳五　普應　法行

〔貞觀〕十一年，駕往洛州，下詔云：老君垂範，義在清虛。……自今已後，齋供行立，至於稱謂，道士、女道士可在僧尼之前。

貞觀十一年詔：道士、女道士在僧尼之前。

〔法〕行見塔廟，必加治護，飾以朱粉，摇動物敬。京寺諸殿有未畫者，皆圖繢之，銘其相氏，即勝光、褒義等寺是也。

普應壁畫。（録者注：寅恪先生此有小誤。此段原文應指普應之師法行，非指普應。）

卷第三十二

（唐）新羅國大僧統釋慈藏傳十

〔慈〕藏以本朝經像凋落未全，遂得藏經一部，並諸妙像、旛花、蓋具，堪為福利者，賷還本國。

慈藏請藏經一部歸高麗。

（第九册封面）

道豐，三十三，禪病。

法聰（録者注：即法沖），三十五，楞伽宗。

道仙，三十四。

慧岸，三十五。　蜀之賈胡。

傅大士，三十四，附於慧雲傳。

衛元嵩，三十五。

卷第三十三　感通上

（魏）文成沙門釋慧達傳三

釋慧達，姓劉，名窣和，本咸陽東北三城定陽稽胡也。先不事佛，目不識字。為人凶頑，勇健多力，樂行獵射。為梁城突騎，守於襄陽。父母兄弟三人並存，居家大富，豪侈鄉閭，縱橫不理。後因酒會遇疾命終，備覩地獄衆苦之相。廣有别傳，具詳聖迹。

别傳。

魏末魯郡沙門釋法力傳七 法禪

又沙門法禪等，山行逢賊，唯念觀音。挽弓射之，欲放不得。賊遂歸誠，投弓於地，又不能得。知是神人，捨而逃走。禪等免脱，所在通傳。並魏末人，别有觀音感應傳，文事包廣，不具叙之。

觀音感應傳。

齊相州鼓山寺釋道豐傳十四

時石窟寺有一坐禪僧，每日至西則東望，山巔有丈八金像現。此僧私喜，謂覩靈瑞，日日禮拜，如此可經兩月。後在房卧，忽聞枕間有語，謂之曰：天下更何處有佛？汝今道成，即是佛也。爾當好作佛身，莫自輕脱。此僧聞已，便起持重，傍視羣僧，猶如草芥，於大衆前側手指胸云：你輩頗識真佛不？泥龕畫像，語不能出唇，知慮何如？你見真佛，不知禮敬，猶作本日期我，悉墮阿鼻。

後來禪宗即與此同。

又眼睛已赤，叫呼無常，合寺知是驚禪。

驚禪。

及未發前，舁詣豐所。徑即問曰：汝兩月已來，常見東山上現金像耶？答曰：實見。又曰：汝聞枕間遣作佛耶？答曰：實然。豐曰：此風動失心耳。若不早治，或狂走難制。便以鍼鍼三處，因即不發。

風動失心。

（齊）鄴下大莊嚴寺釋圓通傳十五

近有從鼓山東面而上，遥見山巔大道，列樹青松。尋路達宫，綺華難紀。珍木美女，相次歡娱。問其丈夫，皆云適往少室。逼暮當還，更進數里，並是竹林。尋徑西行，乃得其寺。衆僧見客，歡遇承迎。供給食飲，指其歸路。乃從山西北下，去武安縣不過十數里也。

鼓山竹林寺。

卷第三十四

（隋）鄂州沙門釋法朗傳二十二

〔法朗〕其誦必以七數為期，乃至七十、七百、七千，逮於七萬。聲韻諧暢，任縱而起，其類箏笛，隨發明了。故所誦經時，傍人觀者，視聽皆失。朗脣吻不動，而囀起咽喉，遠近亮徹，因以著名。

此與慧常之聲發喉中，脣舌不動者相同。

（隋）蜀部灌口山竹林寺釋道仙傳二十三

釋道仙，一名僧仙，本康居國人，以遊賈為業。梁周之際，往來吴蜀，江海上下，集積珠寶，故其所獲貲貨乃滿兩船。時或計者云：直錢數十萬貫。既懷寶填委，貪附彌深，唯恨不多，取驗吞海。行賈達於梓州新城郡牛頭山。

此可與杜甫詩互證，知賈胡運貨往來吴蜀，自六朝時已如此矣。

杜甫解悶十二首之二(仇本十七)：賈胡離別下揚州，境上西陵舊驛樓。為問淮南米貴賤，老夫乘興欲東遊。

參考本書三十五慧岸傳。

(隋)蔣州大歸善寺釋慧侃傳二十七

〔慧侃〕後往嶺南，歸心真諦。因授禪法，專精不久，大有深悟。

真諦弟子。

(唐)雍州義善寺釋法順傳三十 智儼

弟子智儼，名貫至相。幼年奉敬，雅遵餘度而神用清越，振績京皋。華嚴攝論，尋常講說。

普寂探玄記發揮鈔：「至相寺智儼法師，初從智正法師傳承此經；次請益於光緒佛陀，中遇神僧指授，思惟六相。不經累朔，大有啓悟。從帝心和尚承嗣十玄之秘訣，縣解冥證，深極圓旨。」此乃初從智正，終奉杜順，與華嚴傳之言適相反。但慧光為北齊人，佛陀為北魏人，智儼生於隋仁壽二年，距北齊之亡已二十年，以時代論，恐不可能也。又探玄記發揮鈔云：「雲華(智儼)深崇此師，承用其說。」則與「請益」不同，或可能也。

凝然華嚴法界義鏡謂：澄觀乃依東都法詵大師習學華嚴。詵先是慧苑大師門人。宋高僧傳法詵傳之恩貞大師殆即一人，因慧苑居洛京佛授記寺也。又義天録有華嚴刊定記纂釋二十一卷（或十三卷），法詵創造，正覺再修，蓋釋惠苑之刊定記之作也。又法界義鏡云：賢首卒，復經二十七年，開元二十六年戊寅，澄觀誕生，故非親秉於賢首焉。静法苑師續（？）師略疏而乖本義。清涼造疏，救本大義，還破苑師，成立賢首圓妙教義，功在清涼大師所述，故立為第四祖。

（唐）蒲州普濟寺釋道英傳三十一

〔道英〕夜則跏坐為説禪觀。時或弊其勞者，聞法不覺其疲。一日説起信論，至真實門，奄然不語。怪往觀之，氣絶身冷。衆知滅想，即而任之。經於累宿，方從定起。

起信論當從曇遷處傳受者。

卷第三十五　感通篇中

周益州青城山飛赴寺香闍梨傳二

香曰：檀越遠來，固非虛説。其夜便化。弟子等營墓將殯，怪棺太輕。及開，止見几杖而已。

几杖以入棺。

（周）益州多寶寺猷禪師傳三

〔猷禪師〕房後院壁，圖九想變。

九想見智度論廿一、四十一。

壁畫。

壇經亦有廊畫楞伽變事。

（周）益州沙門釋僧度傳四

於後方驗，度戴皮相，皮郫聲同。遺糞而走，散於塔地。所言州度（徒各切），反即斫頭。目前取驗，定後人聞於王。遣人四追，遂失所在。

反語。

（周）益州野安寺衛元嵩傳五

〔元嵩〕周歷二十餘年，亡名入關，移住野安，自制琴聲為天女怨、心風弄。亦有傳其聲者。

天女怨、心風弄。

新唐書儀衛志下，大横吹部有節鼓二十四曲，其第十四為天女怨。

嵩又制千字詩，即龍首青烟起，長安一代丘是也。並符讖緯，事後曉之。

符讖。

（隋）京師凝觀寺釋法慶傳十八 單道琮

近如雍州渭南人單道琮者云，永徽五年，因患風，儀容改異，差後味諸飲食咸臭，唯噉土飲水，時俗命為人蟺。今周行告乞，可年四十餘。

人蟺。

（隋）荆州青溪山釋道悦傳二十

〔道〕悦一生不衣蠶衣，唯服麻布。

今無此風，然足徵當時僧徒之衣蠶衣者衆。予昔年於長沙見一僧，衣紅綢袈裟，云祝慈禧太后六十壽唪經時御賜者。

（隋）荆州内華寺釋慧耀傳二十一

見有栢殿五間兩厦，梁右軍將軍張僧瑶自筆圖畫殿。

張僧瑶壁畫。

（隋）東嶽沙門釋道辯傳二十二

〔道辯〕又至諸墓，亦陳休咎。有士俗忘姓名，去者請為圖其墳塋。巡歷峴原，示其一所曰：此中安墓，足食豐財。入地三尺，獲粟一升。又深一丈，獲石二片。五彩交映，斯曰財緣。依言掘鑿，果獲粟石。遂行卜葬，至今殷有。

風水。

〔道辯〕便告人云：吾昔於裕法師所，學觀七曜，告余云：晉朝道安，妙於此術，人雖化往，遺文在焉。其所注素女之經，最為要舉，恨失其本，如何得之？時有一僧，偶然獲本，請為披決。辯得欣然，即為銷摘。此僧茫昧，情猶夢海，遂以惠之。辯曰：安目彌天，誠非虛稱。學統彌綸，數術窮盡。此雖四紙，文綜無遺。要約包富，靈臺斯盡。

據此則素女經乃天文術數之書。

（唐）京師法海寺釋法通傳二十六

有西蕃貢一人，云大壯，在北門試相撲，無得者。帝頗恧之，云：大隋國無有健者？召通來，令相撲。通曰：何處出家人為此事？必知氣力，把手即知。便喚彼來。通任其把捉，其人努力把捉，通都不以為懷。至通後捉，總攬兩手急搦，一時血出外灒。彼即蟠卧在地乞命。

相撲。

（唐）巴陵顯安寺釋法施傳二十八

依荆南記云：晉永康元年，僧房牀下忽生一樹，隨伐隨生。如是非一，樹生逾疾。咸共異之，置而不剪。旬日之間，植柯極棟，遂移房避之。……

荆南記。

（唐）初蜀川沙門釋慧岸傳二十九

釋慧岸者，未詳何人，面鼻似胡，言同蜀漢。往來市里，默言無准，人不之異。

或如卷三十四感通篇道仙之本為賈胡或賈胡子孫也。

（唐）代州五臺山釋明隱傳三十五

所將内侍劉謙之，於此寺中七日行道，祈請文殊。既遇聖者，掩復丈夫。曉悟華嚴經義，乃造華嚴論六百卷，今五臺諸寺，收束猶有三百許卷。

劉謙之華嚴經義六百卷。

（唐）兗州法集寺釋法沖傳三十九

釋法沖，字孝敦，姓李氏，隴西成紀人。（下略）

此傳為僧史最要資料。

又遇可師親傳授者，依南天竺一乘宗講之，又得百遍。其經本是宋代求那跋陀羅三藏翻，慧觀法師筆受，故其文理克諧，行質相貫，專唯念惠，不在話言。於後達磨禪師傳之南北，忘言忘念無得正觀為宗。後行中原，惠可禪師創得綱紐，魏境文學多不齒之，領宗得意者時能啓悟。

可知南朝亦漸其教化，後世謂逕往北土，不及江東者，非史實也。

今以人代轉遠，紕繆後學，可公別傳，略以詳之。今叙師承，以為承嗣，所學歷然有據。達磨禪師後，有惠可、惠育二人。育師受道心行，口未曾說。可禪師後，粲禪師、惠禪師、盛禪師、那老師、端禪師、長藏師、真法師、玉法師（已上並口説玄理，不出文記）。可師後，善師（出抄四卷）、豐禪師（出疏五卷）、明禪師（出疏五卷）、胡明師（出疏五卷）。遠承可師後，大聰師（出疏五卷）、道蔭師（抄四卷）、沖法師（疏五卷）、岸法師（疏五卷）、寵法師（疏八卷）、大明師（疏十卷）。不承可師，自依攝論者，遷禪師（出疏四卷）、尚德律師（出入楞伽疏十卷）。那老師後，實禪師、惠禪師、曠法師、宏智師（名住京師西明，身亡法絶）。明禪師後，伽法師、寶瑜師、寶迎師、道瑩師（並次第傳燈，於今揚化）。

此傳與敦煌本楞伽師資血脉記乃禪宗歷史之最要資料。後來禪宗第三祖僧粲即依此傳會之。第四祖道信所從受學之無名僧人，未必果為粲禪師也。

此端禪師當即曇倫傳之端禪師。

又三藏玄奘不許講舊所翻經，沖曰：君依舊經出家，若不許宏舊經者，君可還俗，更依新翻經出家，方許君此意。奘聞遂止。斯亦命代宏經護法强禦之士，不可及也。

此足徵慈恩自信力之强，不知其所據者乃唐時天竺之本，未必與六朝舊譯原本相符也。此種思想流布於其門下，如窺基諸人，每見舊譯與新譯異者，即謂舊翻與原本不合，何其妄也。

卷第三十六　感通篇下

隋京師大興善寺釋道密傳一

至於西梵文言，繼迹前列，異術勝能，聞諸齊世。隋運興法，翻譯為初，敕召入京，住大興善寺。師資道成，復宏梵語。

道密通梵文。

〔隋文〕乃命史官王劭為尼〔智仙〕作傳。其龍潛所經四十五州，皆悉同時為大興國寺，因改般若為其一焉。

王劭所作傳。

仁壽元年，帝及后宫同感舍利，並放光明，砧鎚試之，宛然無損。遂散於州郡，前後建塔百有餘所，隨有塔下，皆圖神尼，多有靈相。故其銘云：維年月，菩薩戒佛弟子大隋皇帝堅，敬白十方三世一切三寶弟子，蒙三寶福祐，為蒼生君父，思與民庶共建菩提。今故分布舍利，諸州供養，欲使普修善業，同登妙果。仍為弟子，法界幽顯，三塗八難，懺悔行道。奉請十方，常住三寶，願起慈悲，受弟子等請，降赴道場，證明弟子。為諸衆生，發露懺悔。文多不載，密以洽聞之譽，送此寺中。

未知栖霞塔下有此銘否。

寺本高顯，素無泉水，須便下汲。一夕之間，去塔五步，飛泉自涌，有同浪井。廣如王劭所紀。

王劭所作紀。

（隋）中天竺國沙門闍提斯那傳三

闍提斯那，住中天竺摩竭提國，學兼羣藏，藝術異能，通練於世。以本國忽然大地震裂，所開之處，極深無底。於其岸側，獲一石碑，文云：東方震旦，國名大隋。城名大興，王名堅意。建立三寶，起舍利塔。彼國君臣，欣感嘉瑞，相慶希有。

歷代三寶記十二大隋録引開皇二年季夏詔云：龍首之山，川原秀麗，卉物滋阜，宜建都邑。定鼎之基永固，無窮之業在玆。因即城曰大興城，殿曰大興殿，門曰大興門，縣曰大興縣，園曰大興園，寺曰大興善寺。隋書卷一高祖本紀載此詔前半較詳，而略去因即城曰大興等語。

Sthiramati 或是堅意之譯。

此長安之名不知梵文者應為何字，大約 Mahā ——也。

及獻后云崩，空發樂音，并感異香。具以問由，答曰：西方淨土，名阿彌陀。皇后往生，故致諸天迎彼生也。帝奇其識鑒，賜綿絹二千餘段，辭而不受。因強之，乃用散諸福地。見感應傳。

感應傳。

（隋）京師大興善寺釋明璨傳五

仁壽初歲，召送舍利於蔣州之栖霞寺，今之攝山寺也。本基靈異，前傳具詳。而璨情存傳法，所在追訪，乃於江表獲經一百餘卷，並是前録所遺及諸闕本。

明璨送舍利於栖霞寺，又訪遺佚經一百餘卷。

（隋）京師仁法寺釋道端傳八

〔道端〕時程俊舉，後學欽之。加復體尚方言，梵文書語，披葉洞識，了其深趣。

道端通梵文。

（隋）京師大興善寺釋明芬傳十

釋明芬，相州人，齊三藏耶舍之神足也。通解方俗，妙識梵言。

明芬通梵文。

（隋）京師揚化寺釋法楷傳三十九

自仁壽創塔，前後百餘，感徵最優，勿高於楷。

曹州法元寺塔，法楷瑞應為第一。

（隋）京師静法寺釋智嶷傳四十三

釋智嶷，姓康，本康居王胤也。國難東歸，魏封於襄陽，因累居之，十餘世矣。

襄陽有康居王裔。
容齋隨筆、學齋佔畢父子同名條之襄陽羅處士。

（隋）京師淨影寺釋淨辯傳四十五

古老傳云，此寺立來三百餘年，但有善事，必放光明。經今三度，將非帝主宏福，思與衆同，感見之來，誠有由矣。辯欣斯瑞迹，合集前後見聞之事，為感應傳一部十卷。

淨辯感應傳十卷。

（第十册）

卷第二十七　遺身篇第七

周益州沙門釋僧崖傳二

故其往往現形，預知人意，率皆此也。具如沙門忘名集，及費氏三寶録，並益部集異記。

沙門忘名集、費氏三寶録、益部集異記。

（隋）終南山楩梓谷釋普安傳五

大方村中田遺生者，家途壁立，而有四女。妻著弊布，齊膝而已。四女赤露，迥無條線。大女名華嚴，年已二十，唯有麤布二尺，擬充布施。安引村衆，次至其門，愍斯貧苦，遂度不入。大女思念：由我貧煎，不及福會，今又不修，當來倍此。周遍求物，闃爾無從。仰面悲號，遂見屋甍一把亂床，用塞明孔。挽取抖捒，得穀十餘，挼以成米，并將前布，擬用隨喜。身既無衣，待至夜闇，匍匐而行，趣齋供所，以前施物，遥擲衆中，十餘粒米，别奉炊飯。因發願曰：女人窮業，久自種得，竭貧行施，用希來報。輒以十餘黄米投飯甑中，必若至誠，貧業盡者，當願所炊之飯變成黄色。如無所感，命也奈何。作此誓已，掩淚而返。於是甑中五石米飯並成黄色，大衆驚嗟，未知所以。周尋緣構，乃云田遺生女之願力也。齋會齊率，獲粟十斛，尋用濟之。

真小説也。

（隋）九江廬山沙門釋大志傳六

〔大志〕又善屬文藻，編詞明切，撰願誓文七十餘紙，意在共諸衆生為善知識也。僧為强禦難奉信者，有見此誓，無不掩淚。今廬山峰頂，每至暮年，諸寺見僧，宿集一夜，讀其遺誓，用曉道俗，合衆皆酸結矣。

大志願誓文。

（唐）京師宏福寺釋玄覽傳八

乃見遺文云：敬白十方三世諸佛，弟子玄覽，自出家來，一十二夏，雖霑僧數，大業未成。今欲修行檀波羅蜜，如薩埵投身，尸毗割股，魚王肉山，經文具載，請從前聖，敢附後塵。衣物衆具，任依佛教。臨終之人，多不周委。

神話故事竟以為真，致後來效倣者，不惟宗教史有之，如堯舜等故事之影響於吾國歷史是也。

（唐）梓州沙門紹闍梨傳十

〔紹〕未出家前，山行見一大蟲甚瘦。

稱虎為大蟲，殆避唐廟諱。今水滸傳呼虎為大蟲，其由來久矣。

（唐）終南山豹林谷沙門釋會通傳十一

近有山僧善導者，周遊寰寓，求訪道津。行至西河，遇道綽部，唯行念佛彌陀淨業。既入京師，廣行此化，寫彌陀經數萬卷。士女奉者，其數無量。時在光明寺說法，有人告導曰：今念佛名，定生淨土不？導曰：定生，定生。其人禮拜訖，口誦南無阿彌陀佛，聲聲相次，出光明寺門，上柳樹表，合掌西望，倒投身下，至地遂死。事聞臺省。

淨土大師善導。

（唐）雍州新豐福緣寺釋道休傳十二

余曾參翻譯，親問西域諸僧，皆以布氈而為袈裟，都無繒絹者。縱用以為餘衣，不得加受持也。其龜兹、於遁諸國，見今養蠶，唯擬取綿，亦不殺害。

即絲綿。

於遁為于闐之異譯。

卷第三十八　讀誦篇第八

魏泰嶽人頭山銜草寺釋志湛傳一

又太和初年，代京閹官自慨形餘，不逮人族，奏乞入山修道。有敕許之。乃齎一部華嚴，晝夜讀誦，禮悔不息。夏首歸山，至六月末，髭鬚盡生，復丈夫相。遥狀奏聞，高祖信敬由來，忽見驚訝，更增常日。於是大代之國，華嚴一經因斯轉盛。並見侯君素旌異記。

侯君素旌異記。

卷第三十九　興福篇第九

周鄜州大像寺釋僧明傳二　僧護

至隋開皇十年，煬帝作鎮江海，廣搜英異，文藝書記，並委讎括，乃於襍傳得景像記。

景像記。

近高齊日，沙門僧護，守道直心，不求慧業，願造丈八石像，咸怪其言。後於寺北谷中見一卧石，可長丈八，乃顧匠營造。向經一周，面腹麤了，而背著地，以六具拗舉之，如初不動。經夜及旦，忽然自翻。即就營訖，移置佛堂。晉州陷日，像汗流地。周兵入齊，燒諸佛寺，此像獨不變色。又欲倒之，人牛六十餘頭，挽不可動。忽有異僧，以瓦、木、土墼壘而圍之，須臾便了，失僧所在。像後降夢信心者曰：吾患指痛。其人寤而視焉，乃木傷其二指也。遂即補之。開皇十年，有盜像旛蓋者，夢丈八人，入室責之，賊遂慚怖，悔而謝焉。其像現存，並見旌異記及諸僧録。

旌異記，諸僧録。

至如貞觀五年，梁州安養寺慧光師弟子母氏，貧窶内無小衣，來入子房，取故袈裟，作之而著。與諸鄰母同聚言笑，忽覺脚熱，漸上至腰。須臾雷震，擲鄰母百步之外。土泥兩耳，悶絶經日，方得醒悟。所用衣者，遂被震死。

謂袴為小衣，今俗語猶然。

唐綿州振響寺釋僧晃傳四

周保定後，更業長安。進學僧祇，討其幽旨。有難必究，是滯能通。

僧晃於長安學僧祇律。

（唐）京師清禪寺釋慧胄傳九 法素

寺足淨人，無可役者。乃選取二十頭，令學鼓舞。每至節日，設樂像前。四遠同觀，以為欣慶。故家人子女接踵傳風，聲伎之最，高於俗里。

慧胄於清禪寺設法樂。

卷第四十 襍科聲德篇第十

陳楊都光宅寺釋慧明傳一

宣帝在位，大建五年，將事北征，觀兵河上。已遣大都督程文季等，領軍淮浦，與齊對陣。雄氣相傾，帝甚憂及，乃於太極殿中命龜卜之。試拄腹文，颯然長裂，君臣失色，為不祥也。

此時尚用龜卜。

高齊鄴下沙門釋道紀傳二

〔道紀〕為講斯論，七日一遍。往必荷擔，不恥微行。經書塔像為一頭，老母掃箒為一頭。齊佛境內，有塔斯掃。

老母掃箒為一頭。

（隋）杭州靈隱山天竺寺釋真觀傳四

及其誕育，奇相不倫，左掌仙文，右掌人字。口流津液，充潤榮府。從幼至終，未嘗患渴。

予十歲許居南昌時，見一傭婦陳姓者，終日不飲茶水，若有疾，則飲茶一甌，霍然而愈。

開皇十四年，時極亢旱，刺史劉景安請講海龍王經。序王既訖，驟雨滂注。

序王。

(隋)蔣州栖霞寺釋法韻傳五

承栖霞清衆，江表所推，尋聲即造，從受禪道。

慧布所創之栖霞寺專修禪道云。

(隋)西京日嚴道場釋善權傳七

獻后既崩，下令行道，英聲大德五十許人，皆號智囊，同集宮内。六時樹業，令必親臨。權與立身，分番禮導。既絶文墨，唯存心計。四十九夜，總委二僧。將三百度，言無再述。身則聲調陵人，權則機神駭衆。或三言為句，便盡一時。七五為章，其例亦爾。

七七四十九也。

(隋)東都慧日道場釋智果傳八 智騫 玄應

時慧日沙門智騫者，江表人也。偏洞字源，精閑通俗。晚以所學，追入道場。自秘書、正字、讎校、著作，言義不通，皆諮騫決。即為定其今古，出其人世，變體詁訓，明若面焉。每曰：余字學頗周，而不識字者多矣，無人通決，以為恨耳。造衆經音及蒼雅、字苑，宏叙周贍，達者高之。家藏一本，以為珍璧。

衆經音及蒼雅、字苑。

京師沙門玄應者，亦以字學之富，皁素所推，通造經音，甚有科據矣。

玄應。

唐京師玄法寺釋法琰傳十

〔法琰〕遂取瑞應，依聲盡卷，舉擲牽迸，轉態驚馳，無不訝之。皆來返啓，乃於講隙一時為叙。

慧皎僧傳末卷慧忍傳云：齊文宣感夢之後，集諸經師製瑞應四十二契。又經師論云：陳思王曹植刪治瑞應本起，以為學者之宗。又末卷僧辯傳云：辯傳古維摩一契，瑞應七言偈一契，最是命家之作。

師雖年迫期頤，而聲喉不敗。京室雖富，聲業甚貧。諸有尋味，莫有高於琰者。然而性在知足，不畜貲財，福利所歸，隨皆散盡。

固以此為業計貧富之人。

（唐）京師定水寺釋智凱傳十一

年在童丱，雅重嘲謔，引諸羣小，乃百數人，同戲街衢，以為自得。陳氏臺省，門無衛禁。凱乃率其戲侶，在太極殿前號令而過。

陳朝臺省無衛禁。

襍科聲德篇總論

且自聲之為傳，其流襍焉。即世常行，罕歸探索。今為未悟，試揚搉而論之：爰始經師為德，本實以聲糅文，將使聽者神開，因聲以從迴向。

段安節樂府雜録文敘子條：「長慶中，俗講僧文敘善吟經，其聲宛暢，感動里人，樂工黄米飯狀其念四聲觀世音菩薩，乃撰此曲。」

且復彫訛將絶，宗匠者希。昔演三千，今無一契。將非沿世遷貿，因得行藏有儀乎？

慧皎僧傳經師論云：傳聲則三千有餘。

高僧傳三集（宋高僧傳）之部

宋　僧贊寧　撰

光緒十三年秋
江北刻經處印行

目次

卷第一　譯經篇第一之一……二八一
唐京兆大興善寺不空傳三……二八一
卷第三　譯經篇第一之三……二八二
譯經篇總論……二八二
卷第四　義解篇第二之一……二八九
唐京兆大慈恩寺法寶傳四……二八九
唐京師西明寺圓測傳五……二九〇
唐新羅國順璟傳……二九〇
卷第八　習禪篇第三之一……二九一
唐韶州今南華寺慧能傳二……二九一
卷第十二　習禪篇第三之五……二九一
唐明州雪竇院恒通傳十六……二九一

卷第一　譯經篇第一之一

唐京兆大興善寺不空傳三

又天寶中，西蕃、大石、康三國帥兵圍西涼府，詔空入，帝御於道場。空秉香爐，誦仁王密語二七徧，帝見神兵可五百員，在於殿庭，驚問空。空曰：毗沙門天王子領兵救安西，請急設食發遣。四月二十日，果奏云：二月十一日，城東北三十許里，雲霧間見神兵長偉，皷角諠鳴，山地崩震，蕃部驚潰。彼營壘中有鼠金色，咋弓弩弦皆絶。城北門樓有光明天王怒視，蕃帥大奔。

西域記卷十二瞿薩旦那國條金銀色鼠嚙斷匈奴軍弓弦事与此同，蓋中亞細亞故事也。

卷第三　譯經篇第一之三

譯經篇總論

贊寧事蹟參考王禹偁小畜集卷二十左街僧録通惠大師文集序。

内豎對文王之問，楊雄得絶代之文。

見禮記文王世子。

彦琮也籍其八備。明則也撰翻經儀式。

隋明則撰翻經法式論十卷。

玄奘也立五種不翻。

一、秘密云，如陀羅尼者。二、含多義，如薄伽梵具六義者。三、此方所無，如閻浮樹者。四、順於古例，如阿耨菩提者。五、為生善，謂般若二字，聞之者生信念，如譯為智慧，則生輕淺之意故也。義淨南海寄歸内法傳四西方學法三十四：一則創學悉談章，亦名悉地羅窣覩，斯乃小學標章之稱，俱以成就吉祥為目。

大論云婆伽婆：一、名有德；二、名巧分別諸法；三、名有名聲、無有得名聲，如佛者；四、能破淫、怒、癡。

佛地論頌曰：自在熾盛與端嚴，名稱吉祥與尊貴。

坐禪三昧經上婆伽婆注：婆伽名女根。婆名吐，永棄女根，故名女根吐者也。圓測解深密經疏亦有此説。

一譯字不譯音，即陀羅尼是。

疑作譯音不譯字。

二譯音不譯字，如佛胸前卍字是。

疑作譯字不譯音。

若印度言字，梵天所製，本四十七言，演而遂廣，號青藏焉。

誤讀西域記卷二天竺文字條。nila veda

第二胡語梵言者，一在五天竺，純梵語。二雪山之北是胡。山之南名婆羅門國，與胡絶，書語不同。

又以此方始從東漢傳譯，至於隋朝，皆指西天以為胡國，且失梵天之苗裔，遂言胡地之經書。彥琮法師獨明斯致，唯徵造録，痛責彌天。符佛地而合阿含，得之在我；用胡名而迷梵種，失則誅誰？唐有宣公，亦同斯唱。

參考高僧傳道安傳及道宣釋迦方志卷上中邊篇三：又指西蕃，例為胡國。然佛生遊履，雪山以南為婆羅門國，與胡隔絶，書語不同。故五天竺諸婆羅門，書為天書，語為天語。胡本西戎，無聞道術，書語國別，傳譯方通。

當初盡呼為胡，亦猶隋朝已來總呼為梵，所謂過猶不及也。如據宗本而談，以梵為主，若從枝末而説，稱胡可存。何耶？自五天至嶺北，累累而譯也。乃疑琮公留此以待今日，亦不敢讓焉。

出三藏記集八僧叡大品經序：「改之甚衆，胡音失者，正之以天竺。」

如經傳嶺北，樓蘭、焉耆不解天竺言，且譯為胡語。如梵云鄔波陀耶，疏勒云鶻社，于闐云和尚。

參考義淨南海寄歸内法傳三師資之道二十五「烏波馱耶」注。

第四麤言細語者，聲明中一蘇漫多，謂汎爾平語言辭也；二彦底多，謂典正言辭也。

誤已久，慈恩傳三已有誤會。

或曰：漢魏之際，盛行斯意。致使陳壽國志述臨兒國云：浮屠所載，與中國老子經而相出入。蓋老子西出關，過西域之天竺，教胡為浮屠。此為見譯家用道德二篇中語，便認云與老子經互相出入也。

出魚豢魏略西戎傳。

設有華人能梵語，與西僧言説兩相允會，可便謂此人為天竺人耶？盍窮其始末乎？是知若用外書，須招此謗。如童壽譯法華，可謂折中，有天然西域之語趣矣。今觀房融潤文於楞嚴，僧肇徵引而造論，宜當此誚焉。苟參鄙俚之辭，曷異屠沽之譜？然則糅書勿如無書，與其典也，寧俗。儻深溺俗，厥過不輕。折中適時，自存法語，斯謂得譯經之旨矣。

道宣律相感通傳：「余問什師一代所翻之經，至今若斯，受持轉盛，何耶？答曰：其人聰明，善解大乘。以下諸人，並皆俊艾，一代之寶也。絶後光前，仰之所不及，故其所譯以悟達為先。又從毘婆尸佛以來譯經。又問：俗中常論，以淪陷戒檢為言。答：此不須評，非悠悠者所議。什師今位階三賢，所在通化。然其譯經，删繁補闕，隨機而作，歷代彌新。故大論一部，十分略九，至今盛誦，無有替廢。冥祥感降，歷代彌新。以此證量，深會聖旨。及文殊指授，令其删定，特異恒論，豈以別室見譏，頓忘玄致，殊不足涉言耳。」（録者注：寅恪先生此段録文與原書略有出入。）

次則筆受者，必言通華梵，學綜有空，相問委知，然後下筆。西晉、偽秦已來，立此員者，即沙門道含、玄賾、姚嵩、聶承遠父子。至於帝王，即姚興、梁武、天后、中宗。或躬執翰，又謂為綴文也。

慧皎高僧傳二佛陀耶舍傳：「即以弘始十二年譯出四分律，凡四十四卷，並出長阿含等。涼州沙門竺佛念譯為秦言，道含筆受。」
開元録四：「佛陀耶舍譯長阿含二十二卷，秦國沙門道含筆受。見僧叡二秦録及僧祐録、高僧傳等。」
開元釋教録卷八：「玄奘譯大乘阿毘達磨雜集論十六卷，沙門玄賾筆受。」
瑜伽師地論許敬宗後序：「聲聞地初，瑜伽種性地盡第二瑜伽處，凡九卷，玄法寺沙門玄賾受旨證文。」
參考高僧傳二鳩摩羅什傳。
高僧傳一曇摩羅刹傳：「時有清信士聶承遠，明解有才，篤志務法。護公出經，多參正文句。超日明經初譯，頗多煩重，承遠刪正文偈。今行二卷，其所詳定，類皆如此。承遠有子道真，亦善梵學。此君父子，比辭雅便，無累於古。」續高僧傳一僧伽婆羅傳：「初翻經日於壽光殿，武帝躬臨法座，筆受其文，然後乃付譯人，盡其經本。」僧伽婆羅譯「大育王經、解脱道論等」。見本書卷二實叉難陀傳譯華嚴事。
見本書卷一義淨傳中宗筆受藥師本願經事。

次則度語者，正云譯語也。傳度轉令生解，亦名傳語。如翻顯識論，沙門戰陀譯語是也。

本書卷二日照傳：譯大乘顯識論、大乘五蘊論等，沙門戰陀般若提婆譯語。兼參考本書卷三菩提流志傳。

> 次則證梵本者，求其量果，密能證知，能詮不差，所顯無謬矣。如居士伊舍羅證譯毗柰耶梵本是也。

本書卷一義淨傳：出毘柰耶雜事，居士東印度首領伊舍羅證梵本。

> 復立證禪義一員，沙門大通充之。

唐蘇鶚杜陽雜編中（稗海本）：「上好神仙不死之術，而方士田佐元、僧大通皆令入宮禁，以煉石為名。」上指憲宗，不知即此大通否？待考。法雲翻譯名義集卷三翻譯主篇引此句作「沙門大通曾充之」。

> 次則潤文一位，員數不恒，令通內外學者充之。良以筆受在其油素，文言豈無俚俗。儻不失於佛意，何妨刊而正之？

仁王經上：「三賢十聖忍中行，唯佛一人能盡原。」大乘十住、十行、三迴向為三賢。

〔宋太宗〕續敕搜購天下梵夾。有梵僧法護、施護，同參其務，左街僧録智照大師慧温證義。

參考宋敏求春明退朝録卷上翻譯新經條。

卷第四　義解篇第二之一

唐京兆大慈恩寺法寶傳四

奘初譯婆沙論畢，寶有疑情，以非想見惑，請益之。奘别以十六字入乎論中，以遮難辭。寶白奘曰：「此二句四句，為梵本有無？」奘曰：「吾以義意酌情作耳。」寶曰：「師豈以凡語增加聖言量乎？」奘曰：「斯言不行，我知之矣。」自此忽然頓頗於奘之門。

玄奘譯大毘婆沙論卷百三十七：於想有想非即離，亦非無想非除想，如是平等除色想，無有染著彼因緣。（波羅衍拏衆義品。）

唐京師西明寺圓測傳五

釋圓測者，未詳氏族也。

東域傳燈目録道證下鷲宿注云：「私新羅圓測門人。」然則西明新羅人也。

唐新羅國順璟傳

〔順〕璟在本國稍多著述，亦有傳來中原者。其所宗法相大乘了義教也。見華嚴經中，始從發心，便成佛已，乃生謗毁不信。

本書卷五法藏傳云：「屬奘師譯經，始預其間。復因筆受潤文見識不同而出譯場。」可知賢首與慈恩宗旨不同，亦即華嚴宗、法相宗之異同也。但此僅就理論上言之耳。考法藏寂於先天元年，年壽七十。又總章之初，尚未受戒。故預玄奘譯經事以年代言似略後，當不能信為史實，然可注意也。

此節應書於卷四第十一頁順憬傳後，今誤綴於法寶傳。以移寫不便，姑置之。

（録者注：現將法寶傳處之批語移置於此。）

卷第八　習禪篇第三之一

唐韶州今南華寺慧能傳二

〔慧能〕朝達名公所重，有若宋之問謁能著長篇。

宋之問集上有「自衡陽至韶州謁能禪師」五言古詩一首。

卷第十二　習禪篇第三之五

唐明州雪竇院恒通傳十六

或曰：「通臨終言：我龐勛也。」此非也。高僧無作為行録，而無此説。若觀年臘，龐勛豈正弱冠來逃難邪？

王明清揮麈後録（津逮秘書本）卷五云：「頃見王仁裕洛陽漫録云：張全義為西京留守，識黄巢於羣僧中。而陶穀五代亂紀云：巢既遁免，祝髮為浮屠，有詩云：三十年前草上飛，鐵衣著盡著僧衣。天津橋上無人問，獨倚危欄看落暉！又僧史言：巢有塔在西京龍門，號翠微禪師。而世傳巢後住雪竇，所謂雪竇禪師即巢也。然明州雪竇山有黄巢墓，歲時邑官遣人祀之至今。」趙與旹賓退録四云：「陶穀五代亂紀載，黄巢遁免後祝髮為浮屠，有詩云：三十年前草上飛……近世王仲言亦信之，筆於揮麈録，殊不知此乃以元微之智度師竄易磔裂，合二為一，元集可考也。其一云：四十年前馬上飛，功名藏盡擁禪衣。石榴園下擒生處，獨自閒行獨自歸。其二云：三陷思明三突圍，鐵衣抛盡納禪衣。天津橋上無人問，閒憑欄干望落暉！」

附　高僧傳箋證稿本

引論

道宣續高僧傳卷六（楊州刻經處本卷七）義解篇二第五慧皎傳云：

江表多有裴子野高僧傳，一袠十卷，文極省約云云。

案梁書卷三十及南史卷三十三裴子野傳：敕撰衆僧傳二十卷。隋書經籍志史部雜傳、子部雜家俱有衆僧傳二十卷，裴子野撰。新唐書藝文志子部道家有裴子野名僧録十五卷。即道宣自撰之大唐内典録卷十梁著作中書裴子野撰沙門傳三十卷。注云：其十卷劉璆所續。名稱卷數雖微有不同，然皆非高僧而為衆僧或名僧。觀此則知子野書乃敕撰。若已名高僧，則皎公易竇唱之名僧為高僧，其故不可解矣。

彦琮集沙門不應拜俗等事卷五劉仁叡等議狀彈文引裴子野高僧傳，「高」字當作「名」字，疑習用高字因而不檢耳。

惟虞孝敬亦梁時人，隋志史部雜傳及舊唐書經籍志雜傳有所撰高僧傳六卷。據費長房歷代三寶記著録孝敬之内典博要三十卷，其官為湘東王記室，并云敬後出家，召命入關，亦更有著述云。（關字一作闕，未知孰是？假使為關，則孝敬殆以梁亂入至長安也。）

續高僧傳卷一僧伽婆羅傳附道命事云：

逮太清中，湘東王記室虞孝敬學周内外，撰内典博要三十卷，該羅經論，條貫釋門，諸有要事，備皆收録，頗同皇覽、類苑之流。渚宫陷没，便襲染衣，更名道命。流離關輔，亦有著述云。

歷代三寶記卷十一：

内典博要三十卷，梁湘東王記室虞孝敬撰。孝敬後出家，召命入關，亦更有著述云。

道宣大唐内典録卷四：

虞孝敬撰内典博要三十卷。敬後出家，改名慧命。入關亦更有著述云。

法苑珠林卷百傳記篇雜集部略同。唐道世法苑珠林卷一百傳記篇雜集部：

内典博要四十卷，湘東王記室虞孝敬撰，後得出家，改名慧命。

大約慧皎所著，或在孝敬前，或未見孝敬。觀其序録，歷舉前著，未及虞傳，可推知也。

續高僧傳皎公傳云「後不知所終」。據高僧傳尾僧果跋，知皎公以梁元帝承聖二年（五五三）避侯景難，至湓城，次年（五五四）二月卒，年五十八，葬廬山禪閣寺墓。是慧皎生於齊明帝建武四年（四九七）、魏孝文帝太和二十年，卒於梁元帝承聖三年（五五四），西魏恭帝元年、北齊文宣帝天保五年也。此節可補續高僧傳之闕。

隋書經籍志史部雜傳有釋僧祐撰高僧傳十四卷。案慧皎高僧傳序謂「僧祐撰三藏記，止有三十餘僧，所無甚衆」。齊僧祐出三藏記集今存。歷代佛典目録皆無之。據皎公自序及僧果跋，則傳文十三卷，并序共十四卷。故隋志僧祐十四卷之高僧傳即慧皎高僧傳之誤無疑。

宋晁公武郡齋讀書志卷九傳記類：高僧傳六卷，蕭梁僧惠敏撰，分譯經、義解兩門。又高僧傳十四卷，蕭梁僧釋慧皎撰，分為譯經、義解、神異、習禪、明律、遺身、誦經、興福、經師、唱道（導）十科。馬端臨文獻通考經籍考亦同。清周中孚鄭堂讀書記卷六十八子部十三釋家類：宋釋贊寧撰宋高僧傳三十卷。按語謂：「梁釋惠敏始撰高僧傳六卷，分譯經、義解兩門，慧皎復廣為十四卷，分譯經、義解、神異、習禪、明律、遺身、誦經、興福、經師、唱道十科。」蓋據晁志以為慧皎之分十科乃承慧敏之後者。然考慧皎高僧傳序，歷舉以前著述僧傳諸家，不叙惠敏之作，列朝内外典籍目録亦不著此書。昭德何以得此，殊難索解。據隋志史部雜傳、舊唐志雜傳，虞孝敬高僧傳適六卷，其出家後改名慧命，慧惠同字，命敏同音，豈虞書之誤耶？虞書今不可見，無以知其然否。或謂惠敏即慧皎，敏皎字形相類而致譌誤。其書前六卷諸傳乃譯經、義解兩部，晁志所謂惠敏六卷之高僧傳，實即慧皎十四卷高僧傳之前部殘本，蓋未可知。然昭德作志，若特目睹，則是書與皎傳實為一書本，豈有不知之理？故後説不可信也。據自序云：

> 嘗以暇日，遇覽羣作。輒搜檢雜録數十餘家，及晉宋齊梁春秋書史，秦趙燕涼荒朝偽曆，地理雜篇，孤文片記。並博諮故老，廣訪先達，校其有無，取其同異。始於漢明帝永平十年，終至

梁天監十八年，凡四百五十三載，二百五十七人，又傍出附見者二百餘人。

又云：

衆家記録，叙載各異。

（一）沙門法濟偏述高逸一迹。

高僧傳卷四晉剡東岇山竺道（法）潛傳附潛弟子竺法濟：幼有才藻，作高逸沙門傳（唐内典録卷十）。法苑珠林卷百傳記篇：高逸沙門傳一卷，晉孝武帝時剡東仰山沙門釋法濟撰也。世説言語篇竺法深在簡文坐，劉尹問何以游朱門條注引高逸沙門傳。

（二）沙門法安但列志節一行。

慧皎高僧傳卷八（録者注：此指大正藏本，下同。倘指金陵本則另標明。）齊京師中寺釋法安曾著僧傳五卷。

（三）沙門僧寶止命遊方一科。

高僧傳卷八梁京師靈味寺釋寶亮傳末云：時高座寺僧成，曠野寺僧寶，亦竝齊代法匠。寶又善三玄，為貴游所重。不知是（録者注：此處應補一否字。）即此人，待考。

又卷八（金陵本卷九）齊京師謝寺釋慧次傳亦附有僧寶。

金陵本卷八齊中興寺僧鍾傳亦附僧寶名。

宗性實唱名僧傳鈔目録云：名僧傳第十七齊莊嚴寺僧實第三十八。

（四）沙門法進迺通撰論傳，而辭事闕略，並皆互有繁簡，出没成異，考之行事，未見其歸宗。

高僧傳十三（金陵本）亡身門有高昌釋法進，疑非指此人。寶唱名僧傳目録第二十五卷宋（求）索苦節第四宋西涼州法進傳十，又附説處有法進睡見釋迦文佛，與諸菩薩任（在）栴檀林中為其授戒事，或即此人。待考。

（五）臨川王義慶宣驗記。

隋志：宣驗記十三卷，劉義慶撰。太平御覽、太平廣記并引宣驗記（宣又作冥）。初學記鳥部、藝文類聚鳥部引鸚鵡救火，天神嘉感一事，與御覽羽族部同。

高僧傳卷一安世高傳引宋臨川康王宣驗記。

（六）幽明録。

隋志史部雜傳：幽明録二十卷，劉義慶撰。此書見引甚多，幽明或作幽冥。史通言：唐修晉書，多取幽明録。今考太平御覽所引，如人事部石勒問佛圖澄擒劉曜兆，謝安石夢乘桓温輿行，見白鷄而止，魏武帝夢三馬食一槽，王茂宏夢人以百萬錢買大兒長豫，此類皆晉書取資。唐志：三十卷，入子部小説。

（七）太原王琰冥祥記。

隋志史部雜傳：冥祥記十卷，王琰撰。新唐書藝文志入子部小說。法苑珠林、太平廣記多引冥祥記。太平御覽兵部引何敬叔奉佛，製旃檀像，蟲豸部沙門安能門見蜈蚣三尺，自屋墮地，旋迴而去等事。

（八）彭城劉悛益部寺記。

南齊書卷三十七、南史卷三十九劉悛傳不載其作此書。其作此書時當在為益州刺史時。唐法琳破邪論卷下：淮南劉悛撰益部寺記。

（九）沙門曇宗京師寺記。

隋志史部地理記：「京師寺塔記二卷，釋曇景撰。又有外國傳五卷，釋曇景撰。」景當為宗字之誤也。高僧傳卷十三（金陵本作卷十五），唱導門有曇宗傳，載其撰京師塔寺記，二卷。卷七（金陵本作卷八）曇斌傳附曇宗傳別是一人。

高僧傳卷一安清傳引曇宗塔寺記。

宗性名僧傳鈔第八竺法義傳引沙門曇宗寺記而其目録卷二十九道師宋靈味寺曇宋，宋當是宗之誤。

（十）太原王延秀感應傳。

隋志：感應傳八卷，王延秀撰。唐志入子部小說。

（十一）朱君台徵應傳。

（十二）陶淵明搜神録並傍出諸僧，叙其風素，而皆是附見，亟多疏闕。

隋志史部雜傳：搜神後記十卷，陶潛撰。今存。

（十三）齊竟陵文宣王（子良，世祖第二子）。三寶記傳，或稱佛史，或號僧録。既三寶共叙，辭旨相關，混濫難求，更為蕪昧。

（十四）瑯琊王巾所撰僧史，意似該綜，而文體未足。

歷代三寶記：齊僧史十卷，司徒竟陵文宣王府記王巾撰。

文選王簡栖頭陀寺碑文注：姓氏英賢録曰：王巾字簡栖，臨沂人，起家郢州，從事征南記室。天監四年卒。碑在鄂州，題曰齊國録事參軍瑯琊王巾製。

（十五）沙門僧祐撰三藏記，止有三十餘僧，所無甚衆。

此書今存，凡十五卷。

（十六）中書（别本書有郎字）郗景興東山僧傳。

晉書六十七：郗超字景興，一字嘉賓，官中書侍郎。愔子，愔事天師道而超奉佛。沙門支遁常重超，以為一時之儁。

高僧傳卷四剡沃洲山支遁傳：郗超為之序傳。

（十七）治中張孝秀廬山僧傳。

慧皎高僧傳卷八（金陵本卷九）梁上定林寺釋法通傳云：陳郡謝舉、吴國陸杲、潯陽張孝秀竝策步山門，禀其戒法。

（十八）中書陸明霞沙門傳，各競舉一方，不及餘行。逮於即時，亦繼有作者。

梁書二十六、南史卷四十八：陸杲字明霞，吴郡吴人。杲素信佛法，持戒甚精，著沙門傳三十卷。

（慧皎自序）又云：

> 自前代所撰，多曰名僧。然名者本實之賓也。若實行潛光，則高而不名。寡德適時，則名而不高。名而不高，本非所紀。高而不名，則備今録。故省名音，代以高字。

此指寶唱名僧傳三十卷而言。

隋志史部雜傳：名僧傳三十卷，釋寶唱撰。唐志入子部道家。

隋志史部雜傳有尼傳二卷，皎法師撰。今大藏中有比丘尼傳四卷，僧寶唱撰。兩唐志皆載唱書而無皎傳。待考。

又傳尾附王曼穎書（隋志史部雜傳有補續冥祥記一卷，王曼穎撰），歷舉皎以前諸作，除皎公序所舉外，如云：「道安羅什，間表秦書。」見皎公高僧傳卷六慧遠傳。高僧傳卷六晉新陽釋道安，非是。「佛澄道進，雜聞趙册。」見高僧傳卷九佛圖澄并附道進傳。趙記謂田融趙記。隋志史部霸史：趙書十卷，一曰二石集，記石勒事，偽燕太傅長史田融撰。新唐志偽史、舊唐志編年（録者注：舊唐志實歸入雜偽國史類。）題作田融趙石記二十卷。

又二石記二十卷，開元占經、太平御覽人事部均引此書，惟北堂書鈔禮儀部引：前石有佛圖澄，號曰大和尚，道法大行是也。

（十八）法濟唯張高逸之例。（録者注：寅恪先生上已舉列十八條，此條編碼重，且用筆圈出，疑或可與編碼（一）合併。）

案據唐内典録，後改名玄惲。

唐内典録卷十。

唐道世法苑珠林傳記篇，題一卷，云晉孝武帝時剡東仰山沙門釋法濟撰。

高僧傳卷四晉剡東岇山竺道（法）潛傳附潛弟子竺法濟：幼有才藻，作高逸沙門傳。

（十八）康泓専記單開。（録者注：此條編碼又重出。）

高僧傳卷九神異門第二單道開傳云：有康泓者，開弟子，為之傳云云。

（十九）王秀（亦作季，廣弘明集二十七作季）但稱高座。

世説新書卷上之上言語篇第二高坐道人不作漢語條引高坐別傳。又世説卷中之下賞譽篇時人欲題目高坐而未能條。案言語篇高坐上人不作漢語條劉孝標注引有高坐傳，當即此。高坐本

sthāvira 之通稱，然高坐傳云：高坐和尚，胡名尸黎蜜。則變為帛尸利蜜多羅專稱。皎公高僧傳卷一有帛尸利蜜多羅傳中載王珉序。珉字季琰，則作王季者是，而王秀者非也。殆以上文王延秀感應傳而致誤。晉書卷六十五王導傳附有珉傳。

（二十）僧瑜卓爾獨載。

見高僧傳卷十二亡身門第七宋廬山招隱寺釋僧瑜傳。「吳郡張辯為平南長史，親覩其事，具為傳讚。」大約出張孝秀廬山僧傳。

（廿一）玄暢超然孤録……

高僧傳卷八有齊蜀齊后山釋玄暢傳：「臨川獻王立碑，周顒製文。」齊蕭映，高祖三子。大約劉悛益部寺記載其事。又卷十三興福門法獻傳又有玄暢，未知孰是。

（廿二）其唱公纂集，最實近之。

隋志史部雜傳：名僧傳三十卷，釋寶唱撰。唐志入子部道家。

續高僧傳卷一寶唱傳：至天監十三年，始就條列，共三十一卷，并訖序目言，并節載其序。

慧皎高僧傳卷五道安傳云：「自漢魏迄晉經來稍多，而傳經之人名字弗説，後人追尋，莫測年代。安乃總集名目，表其時人，詮名新舊，撰為經録。衆經有據，實由其功。」僧祐出三藏記集録上卷第二云：「爰自安公，始述名録。銓品譯材，標列歲月。妙典可徵，實賴伊人。」據此，譯經一門諸傳，材料皆取自此類經録。費長房歷代三寶記卷第八有沙門釋僧叡撰二秦衆經目録一卷。又同卷鳩摩羅什譯摩訶般若波羅蜜經三十卷子注云：僧叡二秦録云：「譯大品時，大秦天王姚興自執舊本，什執梵文，竺佛念傳語，僧叡、肇筆受并制序。」按今慧皎什公傳云：「更令出三品，什執梵本，興執舊經，以相讎校。」與二秦録符合。可知今傳之文，大抵取材於舊時經録，蓋自道安後諸家悉依其體例，於經目之後并附譯者名字事蹟，故為後來傳記所由本也。

據歷代三寶記及大唐内典録，前秦沙門釋道安綜理衆經目録一卷以前尚有(據内典録)：

一、古經録一卷。

右尋諸舊録，多稱為古録，則似秦時釋利防等所齎經録。

二、舊録一卷。

右檢似是前漢劉向校書天禄閣，往往多見佛經，斯即往古藏經録，謂孔壁所藏，或秦政焚書，人中所藏者。

案以上二録必不可信。

三、漢時佛經目録一卷。

右檢似是迦葉摩騰所譯四十二章經等，因即撰録。

案此録似亦不可信。

四、魏時沙門朱士行漢録一卷。

右依檢元是潁川沙門於洛陽講道行經，因著其録。

案此殆目録最早而可信者。

五、西晉沙門竺法護衆經録一卷。

右依檢是晉武帝長安青門外大寺沙門也，翻經極廣，因出其録。

六、西晉清信士聶道真衆經録。

右依檢晉惠帝永嘉中稟受護公之筆匠也，後自翻經，因出録云。

七、二趙經録一卷。

右依檢似是二石趙時諸録遥注，未知姓氏。

又内典録：前秦沙門釋道安綜理衆經目録一卷。道宣案語謂：「自前諸録，但列經名品位大小，區别人代，蓋無所紀，後生追尋，莫測由緒。安乃總集名目，表其時世，詮品新舊，定其制作。衆經有據，自此而明。」

高僧傳卷一安世高傳引釋道安經録云：「安世高以漢桓帝建和二年至靈帝建寧中二十餘年，譯出三十餘部經。」可見其體例一斑。

慧皎高僧傳以前鳩摩羅什傳，又檢僧祐出三藏記集第十四，如云「轉能晉言，音譯流利」之晉字，皎公改為漢，知皎公所録，幾全本之祐集，而祐或又本之晉録，如東晉沙門支敏度（成帝時人，豫章沙門。）經論都録之類也。

高僧傳卷一安世高傳引庾仲雍荆州記。

據高僧傳前三卷譯經門，正傳及附見者凡六十三人，而號為天竺人者僅十六人。而此十六人中如攝摩騰、竺法蘭、鳩摩羅什等，或本人之存在不無可疑，或雖源出天竺而居月支，或竟為龜兹人者尚有數人，然則自漢明乞梁武，四百五十年間，譯經諸大德，天竺人居四分之一，其餘皆罽賓、西域及涼州之人。據此可知六朝文化與中亞關係之深矣。

間接傳播文化，有利亦有害。利者如植物移地，因易環境之故，轉可發揮其特性而為本土所不能者。如基督教移植歐洲，與希臘哲學接觸，而成歐洲中世紀之神學、哲學及文藝是也。其害則輾轉間接，致失原來精意，如吾國自日本、美國販運文化中之不良部分，皆其近例。然其所以致此不良之果者，皆在不能直接研究其文化本原。研究本原，首在通達其言語。中亞語言與天竺同源，雖方言小異，而大致可解，如近世意語之於拉丁。按出三藏記集卷八僧叡大品經序謂：胡音失者，正之以天竺。蓋古譯音中如彌勒、沙彌之類，皆中亞語。今日方知，足證當時實此類之經本。然其所譯，大抵仍皆是梵文，猶天主教人賫譯諸書，實皆拉丁之本，而音譯名字猶存法意土音也。因此可知中亞人能直接通習梵文，故能直接研究天竺學術之本源。此則間接之害即有亦不甚深也。至其利則中亞大小乘俱盛。大乘盛於和闐，如朱士行在于闐為彼地小乘所嫉，然實於其地得放光波若梵本，又經于闐僧無羅叉等之翻譯。至東晉末法顯佛國記云：于闐衆僧乃數萬人，多大乘學。則于闐必已盛弘大乘。今所掘發區域，于闐近傍，多大乘經典。而天山北路，小乘夙盛。卑摩羅叉十誦大師，先在龜兹弘闡律藏。玄奘西域記：屈支諸國，皆説一切有部。今德人發掘庫車諸地，所得有部律本甚多，可徵六代李唐小乘之學行於天山北路。舊籍所記，良不誣也。神異門正傳及附傳共三十一人，耆域雖號稱天竺人，然其名本印度神醫舊名，此為假託，固不足論。竺佛調未詳氏族，或云天竺人，則其原籍亦在可疑之列。其餘則為西域人或中國人。或如杯度傳附見僧佉吒之為外國道人之類。然則此神異門中竟無一印度人，可謂奇事。足見天竺僧人來中國之少，固不易附會以神異事蹟也。

（録者注：寅恪先生下表略述五種僧傳之同異。）

名僧傳分門為	寶唱	三十卷	外國法師　神通弘教外國法師　高行　中國法師　隱道　中國法師　律師　外國禪師　中國禪師　神力　兼學苦節　感通苦節　遺身苦節　(宋)求索苦節　尋法出經苦節　造經像苦節　造塔寺苦節　導師　經師
高僧傳	慧皎	十四卷	譯經　義解　神異　習禪　明律　忘身　誦經　興福　經師　唱導
續高僧傳	道宣	三十卷	譯經　義解　習禪　明律　護法　感通　遺身　讀誦　興福　雜科
宋高僧傳	贊寧	三十卷	同上行　同上行　同上行　同上行　同上行　同上行　同上行　同上行　同上行　雜科　聲德
明高僧傳	如惺，當屬時人	六卷	譯經　解義　習禪

（録者注：以下所録為插批於表中之識語。）

據法苑珠林卷一百傳記篇雜傳内典博要條所載，晁公武郡齋讀書志之惠敏殆即虞孝敬出家後改名之慧命，以其所撰高僧傳適六卷，與晁志所載符也。

慧洪林間録卷上：「贊寧作大宋高僧傳，用十科為品流，以義學冠之，已可笑。」此北宋末禪學之言。贊公當北宋初譯新經之時作僧傳，豈能如林間録之主張耳。皎法師高僧傳序：「然法流東土，蓋由傳譯之勳。或踰越沙險，汎漾洪波，皆亡形殉道，委命弘法。震旦開明，一焉是賴。兹德可崇，故列之篇首。」此言甚确，可謂知本末輕重。林間録之言不可從也。

（録者注：唱導一條下識語：）

詳見贊寧大宋僧史略卷中「行香贊導」條及續高僧傳三十（揚州本卷四十）真觀傳及聲德門論，又高僧傳十三唱導論。

高僧傳十三唱導論：「昔草創高僧，本以八科成傳，却尋經導二技，雖於道為末，而悟俗可崇。故加此二條，足成十數。」

唱導即齋 uposatha。贊寧宋僧史卷上二三八頁受齋懺法、（録者注：此指大正藏本頁碼，下同。）據此可知大正藏為寅恪先生當時所用佛經版本之一。陳自用之大正藏現當存於北京某處。）卷中二四一頁行香唱導、義淨寄歸内法傳卷一第九受齋軌則及廣弘明集三十五(録者注：此指四十卷本之卷數。三十卷本當為卷二十八。)齊、梁、唐行願文可證本書十三(金陵本為十五)曇宗答宋孝武語。故知中土懺悔實出自西方。胡適之言非也。讚唄之音，中土古已各處不同。見續高僧傳卷三十論中。

(録者注：作者原稿此頁後空行，另頁再寫以下材料。)

金剛仙論卷十末：論主天親復以此論轉教金剛仙論師等，此金剛仙轉教無盡意，無盡意復轉教聖濟，聖濟轉教菩提流支，迭相傳受，以至於今二百年許。窺基金剛般若經贊述：「論」者今唐國有三本流行於世。(第)三金剛仙所造，即謂南地吴人，非真聖教也。

續高僧傳習禪第一：「菩提達磨，南天竺婆羅門種。初達宋境南越，末又至魏……自言年一百五十餘歲。遊化為務，不測於終。」

洛陽伽藍記卷一：「永寧寺，熙平元年靈太后胡氏所立。」「永熙三年二月，浮圖為火所燒。」「時有西域沙門菩提達磨者，波斯國胡人也。起自荒裔，來遊中土。見金盤炫目，光照雲表，寶鐸含風，響出天外，歌咏讚歎，實是神功。自云年一百五十歲，歷涉諸國，靡不周遍，而此寺精麗，閻浮所無也。」

道宣著作，據唐内典録、開元録，除關於律者外：

釋迦氏略譜一卷，

釋迦方志二卷，

大唐内典録十卷，

集古今佛道論衡三卷，

續高僧傳三十卷，

後集高僧傳十卷，

廣弘明集三十卷，

東夏三寶感通記三卷。

僧祐著，據長房録：

法苑集十卷，

弘明集十四卷，

世界記十卷，

薩婆多師資傳五卷，

釋迦譜四卷，
大集等三經記，
賢愚經記一卷，
集三藏因緣記一卷，
律分五部記一卷，
經來漢地四部記一卷，
律分十八部記一卷，
十誦律五百羅漢出三藏記一卷，
善見律毘婆沙記一卷。

北史九十七西域傳（魏書一百二西域傳同）：龜兹國，在尉犁（焉耆邊城名）西北，白山之南一百七十里，都延城，漢時舊國也。去代一萬二百八十里。其王姓白，即後涼呂光所立白震（震，白純弟也）之後。隋大業中，其王白蘇尼咥（隋書咥作晊）遣使朝，貢方物。

新唐書：龜兹，一曰丘兹，一曰屈兹。西域記作屈支。

新唐書：阿羯田山亦曰白山。通典引隋西域圖云：白山一名阿羯山，常有火及煙，即是出硇砂之處。

後漢書班超傳：拜白霸為龜兹王。

舊唐書龜兹傳：其王姓白氏。

晉書九十七四夷西戎傳：龜兹國，武帝太康中，其王遣子入侍。懷惠末，以中國亂，遣使貢方物於張重華。苻堅時，堅遣其將吕光率衆七萬伐之。其王白純距境不降，光進軍討平之。

晉書九十七：龜兹俗有城郭，其城三重，中有佛塔廟千所。王宫壯麗，焕若神居。

焉耆王熙者，會之子，即載記一百二十二降於吕光之泥流，豈其名有音譯義譯之不同，或漢名胡名各異。待考。

（録者注：上文即引論及另頁之材料係據作者未寫完之草稿「高僧傳箋證稿本」録出。）

編者説明

讀書札記三集（高僧傳之部），作者不但有批注，且寫有成文的「高僧傳箋證・引論」未完草稿一章。此部書先由包敬第先生輯錄了高僧傳二集（續高僧傳）、三集（宋高僧傳）的批注。包先生所未錄的高僧傳初集批注及「高僧傳箋證・引論」，又請王邦維先生繼續完成。而王先生所交之錄稿中，高僧傳初集輯錄了卷四至卷十五的批注，另對包先生錄稿作了一些校核。所缺的高僧傳初集卷一、卷二、卷三及卷首（序、目錄）之全部批注，只得由美延最后一一輯錄補齊；並將全部錄稿（含高僧傳初集卷四至卷十五，二集續高僧傳，三集宋高僧傳，高僧傳箋證稿本引論）對照作者手蹟作了校核勘誤，且增補所漏的數條批注，特別是依據作者原稿對「高僧傳箋證・引論」謄錄稿作了較多的勾改調整，以期符合作者原意。

由於本人水平所限，錯誤不當之處敬求讀者指正。

陳美延　一九九九年冬

陳寅恪集後記

我們從小就知道全家最寶貴的東西是父親的文稿。從抗戰逃難直至「文化大革命」，父親文稿都是用全家最好的箱子裝載，家人呼之為「文稿箱」。避日軍空襲時，首先要帶的就是「文稿箱」。出版父親文集自然是父母，也是我們姐妹最大心願。

父親一生坎坷，抗日烽火中，顛沛流離，生活窘迫，雙目失明，暮年骨折臥床，更經痛苦。然而無論世道變換，病殘齊至，始終未曾間斷學術創作。而父親為學一貫堅持「獨立之精神，自由之思想」，「未嘗侮食自矜，曲學阿世」。如今父親全集出版，學界儻能於研究父親著述時，更知父親此種精神之所在，則為我們姐妹辛勞的最高報償。

一九六二年胡喬木同志來訪，談及文稿，父親直言：「蓋棺有期，出版無日。」胡答：「出版有期，蓋棺尚遠。」父親聽了很高興，以為有望見到文集面世。豈知「文化大革命」開始，父母備受摧殘，蒼涼離世，終未能見到陳集出版。父親生前已將出版文稿重任託付於弟子蔣天樞先生，不料文稿在「文革」中竟被洗劫一空，片紙不留。「文革」結束後，我們姐妹將歷經曲折於一九七八年五月追回的父親文稿，送交蔣天樞先生。蔣先生沒有辜負父親囑託，付出艱巨勞動，於一九八〇年主持出版了陳寅恪文集，由上海古籍出版社刊行，這只是父親文字的一部分。一九八八年六月，蔣天樞先生不幸突然病逝，於是我們姐妹繼續收集整理父親的文字。

現在出版的陳寅恪集，是在上海古籍出版社所刊印之陳寅恪文集基礎上進行的，增加了陳寅恪詩集（附唐篔詩存），書信集，讀書札記一集（舊新唐書之部）、二集（史記、漢書、晉書、唐人小說等之部）、三集（高僧傳之部），並講義及雜稿（兩晉南北朝史講義、唐史講義、備課筆記、論文、講話、評語、聽課筆記等）。一九八〇年出版的寒柳堂集，金明館叢稿初編、二編，隋唐制度淵源略論稿，唐代政治史述論稿，元白詩箋證稿，柳如是別傳諸集，此次出版時作了校對，除寒柳堂集中詩存併入詩集，寒柳堂記夢未定稿據一九八七年六月收回的殘稿作了校補外，其餘編排均不作變動，因父親生前託付蔣天樞先生代為出版文集過程中已親自審定文集編目及有關事宜，故仍按父親原意進行。而此次刊行全集所增補之內容，則是期望從不同角度反映父親的學術生涯。

父親的文稿墨跡命運亦如其人，頻遭劫難，面世困難。抗戰時已遺失了多箱撰有眉識的書籍，其中有的被戰火焚燬，有的在運輸途中被盜，或存放親友處丢失，現下落不明，難覓其蹤。這些皆為父親「廿年來所擬著述而未成之稿」，如蒙古源流注、世說新語注、五代史記注、佛教經典之存於梵文者與藏譯及中譯合校、巴利文長老尼詩偈集中文舊譯並補譯及解釋其詩等等（見一九四二年九月廿三日父親致劉永濟信）。而父親晚年整理就緒準備出版的文稿，於「文革」中全被查抄，「文革」過去撥亂反正後，雖於一九七八年五月及一九八七年六月兩次收回詩文稿，但仍未全部歸還。即便抗戰勝利後在清華大學授課、研究之講義、資料等，亦未曾得見。總之，散落在各處的文字，迄今尚有部分未能獲見。這次刊印父親文集，因其為目前所收集之最全者而擬名「陳寅恪全集」，轉又考慮到其實並不能「全」，故稱「陳寅恪集」。

此次父親遺作付梓，三聯書店非常重視，投入很大力量以保證質量；同時我們得到父母親朋故舊，海內外學者弟子，我們姐妹的友人以及相識或不相識的各界人士支持幫助。首先感謝蔣天樞先生一九八〇年於上海古籍出版社主持出版了陳寅恪文集，黃萱先生協助蔣先生做了不少工作。校補寒柳堂記夢未定稿及參與輯錄並審閱讀書札記等多位先生亦於此一併致謝。在我們收集父母詩文書信資料過程中，劉節先生的夫人錢澄女士，華忱之先生等將珍藏了多年「文革」劫後幸存的父親書函贈送，各種支持幫助不勝枚舉，難以一一敬列，在此謹向一切參與、推動、幫助、支持出版陳寅恪集的人士表示衷心感謝。

歷經十年的艱難曲折，陳寅恪集終於面世，當此之時，我們百感交集，真不知何以表述其經過於萬一。出版陳集為中外學者深望，此書之所以遲至今日方能面世，其間有許多我們始料未及的困擾，於此無需細述。而今陳集業已付印，我們希望以此集告慰逝去的父母，父親自謂「文字結習與生俱來，必欲於未死之前稍留一二痕跡以自作紀念」，他於「臏有文章供笑罵」之時，尚望「後世相知儻破顏」。我們更希望將父親的這些文字，作為祖國文化遺產，獻給後世相知。

陳流求 美延 謹述　一九九九年七月三日父親誕生一百零九週年

陳寅恪集再版説明

三聯書店出版的陳寅恪集十三種十四册，自二〇〇一年一月至二〇〇二年五月面世後，時逾八載。現藉再版重印的機會我們做了少量校勘修訂工作，如：糾正個别誤字、圖片説明；唐代政治史述論稿對照手寫本唐代政治史略稿，個别詞句作了變動；略增改書信集、詩集中的某些注釋；更正書信集中致傅斯年、致胡適、致聞宥少數函件的時間認定，編排順序也相應有所變動。但未及增補近年來新發現的一些陳寅恪信札、詩作，亦屬憾事。

在此，特向熱心提供資料及指出陳寅恪集中訛誤的讀者朋友，致以衷心謝忱！並希望此次再版重印後仍一如既往得到大家的支持和幫助。

陳流求
陳美延　二〇〇九年四月